Über dieses Buch   Am 18. März 1927 wandte sich Arnold Zweig an Sigmund Freud mit der Bitte, ihm sein neuestes Buch ›Caliban oder Politik und Leidenschaft. Versuch über die menschlichen Gruppeneffekte, dargestellt am Antisemitismus‹ widmen zu dürfen. Damit beginnt ein Briefwechsel und eine Freundschaft zwischen dem Psychoanalytiker und dem Dichter. Schon in seinem ersten Brief schneidet Arnold Zweig all die Themen an, die den Briefwechsel bestimmen und vorantreiben: die Dichtung, die Psychoanalyse, die Palästina-Frage und, damit verbunden, die Probleme des Judentums und der aktuellen Politik.

Der Briefwechsel fällt in eine Epoche, die für die Geschichte Europas, aber auch für das Leben der beiden Männer von entscheidender Bedeutung war. Arnold Zweig wie Sigmund Freud, der eine im besten Mannesalter, der andere im Herbst seines Lebens, mußten, als Juden verfolgt, während dieser Zeit das Land, in dessen Sprache sie schrieben, verlassen. Ihr Briefwechsel, der zwölf Jahre umfaßte und erst mit dem Tode Freuds endete, dauerte in der Zeit des Exils an.

Die Verehrung und die menschliche Zuneigung, die aus den Briefen Arnold Zweigs an Sigmund Freud spricht, haben ihre Wurzeln in der eminenten Bedeutung, die Arnold Zweig der Person Freuds und seinem Werk für sein eigenes Leben und Schaffen als Schriftsteller einräumte: »Sie wissen, daß Ihre Lebensarbeit die meine im wahren Sinne erst möglich gemacht hat und daß ich glücklich bin, das ganz empfinden und Ihnen manchmal ausdrücken zu können.« (27.12.30)

Alle Briefe sind mit großer Offenheit und Wärme geschrieben. Der Leser nimmt nicht nur am »öffentlichen« Leben und an der Arbeit der Korrespondenten teil, sondern auch an ihren alltäglichen Sorgen, am Wohlergehen der beiden Familien. Man merkt, daß diese Briefe nicht mit dem Blick auf die Nachwelt geschrieben wurden, und nicht zuletzt deshalb sind sie interessant und aufschlußreich.

Sigmund Freud   wurde am 6. Mai 1856 in Freiberg (Mähren) geboren. Er begründete und entwickelte das Verfahren der Psychoanalyse. Freud, seit 190 Titular-Professor in Wien, wurde nie auf einen Lehrstuhl an eine Universität berufen. Er erhielt 1930 den Goethepreis. Im Jahr 1938 emigrierte er nach London, wo er 1939 starb.

Arnold Zweig   1887 in Glogau geboren, studierte Germanistik, Philosophie, Geschichte, Psychologie, Kunstgeschichte und Nationalökonomie in Breslau, München, Berlin, Göttingen, Rostock, Tübingen. Nach der Teilnahme am Ersten Weltkrieg in Serbien und Frankreich lebte er 1919–1923 als freier Schriftsteller am Starnberger See, dann in Berlin; emigrierte 1933 nach Palästina. Mitarbeit an zahlreichen Emigrantenzeitschriften. 1948 Rückkehr nach Berlin (DDR), wo er 1968 gestorben ist.

Lieferbare Taschenbücher beider Autoren siehe Anzeigen am Ende des Bandes.

Sigmund Freud
Arnold Zweig

Briefwechsel

Herausgegeben von
Ernst L. Freud

Fischer Taschenbuch Verlag

Ungekürzte Ausgabe
Veröffentlicht im Fischer Taschenbuch Verlag GmbH,
Frankfurt am Main, Juni 1984

Fischer Taschenbuch Verlag GmbH, Frankfurt am Main
Lizenzausgabe mit freundlicher Genehmigung
der S. Fischer Verlag GmbH, Frankfurt am Main
Copyright © 1968 by S. Fischer Verlag GmbH, Frankfurt am Main

Umschlaggestaltung: Jan Buchholz/Reni Hinsch
Satz: Kleins Druck- und Verlagsanstalt GmbH, Lengerich
Druck und Bindung: Clausen & Bosse, Leck
Printed in Gemany
980-ISBN-3-596-25629-1

Dem Vater Freud:

Was ich war, bevor ich
Dir begegnet,
Steht in diesen Seiten
mannigfalt.
Welches Leben war wie
Deins gesegnet?
Welches Wissen hat wie
Deins Gewalt?

A. Z.

Briefwechsel

Berlin-Eichkamp
den 18. März 1927

Verehrter Herr Professor Freud,

erlauben Sie mir, Ihnen eine Bitte vorzutragen. Ich bitte um die Erlaubnis, Ihnen mein Buch ›Caliban oder Politik und Leidenschaft, Versuch über die menschlichen Gruppenaffekte, dargestellt am Antisemitismus‹[1] widmen zu dürfen.

Dazu bewegt mich vielfältige Dankbarkeit. Erstens wäre ohne Ihr Denken, ohne Ihre prinzipiellen Einsichten und neuen Maximen (Wiedereinsetzung der Seele in die Psychologie), ohne Ihre schöpferische Methode des Philosophierens mein bescheidener Beitrag zur theoretischen Erkenntnis nie möglich gewesen. Zweitens schuldet Ihnen der Antisemitismus, den Sie in allen Spielarten erlebt haben müssen, eine Reverenz. Und drittens verdanke ich Ihrer neuen Seelenheilkunst persönlich die Wiederherstellung meiner gesamten Person, die Entdeckung, daß ich an einer Neurose litt, sowie schließlich die Heilung dieser Neurose durch Ihre Methode und auf Ihren Wegen.

Ich gebe die Hoffnung nicht auf, Sie, verehrter Herr, auch noch persönlich zu sprechen. Ich glaube, daß ich Ihnen eine Anzahl prinzipiell wichtiger Blicke auf die neurotischen Hemmungen des Kunstschaffens vorlegen könnte, vielleicht von Ihnen längst gemachte Beobachtungen bestätigend.

Heute habe ich nur den Wunsch, daß Sie diese Dedikation eines Buches annehmen möchten, auch ohne es zu kennen, das Ihnen so sehr verpflichtet ist. Ihnen auf alle Fälle immer ergeben:

Arnold Zweig

[1] A. Z. ›Caliban oder Politik und Leidenschaft‹. Potsdam, Gustav Kiepenheuer Verlag, 1927.

Wien IX, Berggasse 19
20. 3. 27

Hochgeehrter Herr

Ich nehme das Anerbieten des Dichters der ›Novellen um Claudia‹[1], mir eines seiner neuen Werke zu widmen, mit Dank und voller Schätzung der mir erwiesenen Ehre an.

Ich hätte es auch sonst getan, umsomehr jetzt, da ich aus Ihrem Briefe weiß, daß Sie die Analyse zu schätzen wissen und daß Sie ein persönliches Verhältnis zu ihr gewonnen haben.

Machen Sie das Versprechen wahr, mich eines Tages zu besuchen. (Warten Sie damit nicht zu lange, ich bin bald 71 Jahre.)

Ihr herzlich ergebener

Freud

Wien IX, Berggasse 19
2. Juni 1927

Hochgeehrter Herr

›Caliban‹ ist heute bei mir eingetroffen. Das Buch wird mich in den Sommeraufenthalt begleiten, auf den Semmering (2½ Stunden von Wien), wohin ich in 14 Tagen übersiedle. Dort werde ich es lesen und, wenn mir etwas Vernünftiges einfällt, Ihnen darüber schreiben. Rechnen Sie aber nicht darauf, mein Horizont ist enge, und wo ich nicht zuhause bin, orientiere ich mich schlecht. Auch nähre ich allerlei unfreundliche Vorurteile in Betreff der lieben Menschheit. Aber wozu Ihrer Kritik vorgreifen.

Ich grüße Sie herzlich und danke Ihnen nochmals für die Verbindung, in der Sie mich mit Ihrem Werk gebracht haben.

Ihr Freud

[1] A. Z. ›Die Novellen um Claudia‹. Leipzig, Kurt Wolff Verlag, 1912.

Sehr geehrter Herr Doktor

Vielen Dank für die Zusendung Ihres neuen Buches[1], von dessen Lektüre ich mir reichen Genuß verspreche. Ihren Caliban
habe ich in den Ferien gelesen mit großer Teilnahme, Alter-
nativen von warmer Zustimmung und kritischem Stillhalten.
Ich war sehr stolz auf die Stelle, die Sie mir gewidmet haben,
und dann wieder geärgert darüber, daß Sie eine Verbeugung
vor Karl Kraus machen können, der auf der Skala meiner
Hochachtung eine unterste Stelle einnimmt. Im ganzen lag
das, was mich an dem Buche gestört hat, gewiß an mir. In der
Frage des Antisemitismus habe ich wenig Lust, Erklärungen
zu suchen, verspüre eine starke Neigung, mich meinen Affek-
ten zu überlassen, und fühle mich in der ganzen unwissen-
schaftlichen Einstellung bestärkt, daß die Menschen so durchschnittlich und im großen ganzen doch elendes Gesindel sind.
Ich kann Ihnen natürlich keinen Vorwurf daraus machen, daß
Sie es vermieden haben, sich diesem unverständigen Affekt zu
überlassen.

Die »Differenzgefühle«, von denen Sie sprechen, haben mich
früher einmal beschäftigt, ich sprach von einem Narzißmus der
kleinen Unterschiede[2]. Es ist vieles noch recht rätselhaft an
ihnen.

Mit herzlichen Grüßen   Ihr Freud

Eichkamp, den 18. 2. 1929

Sehr verehrter Herr Professor Freud,

Ich hätte viel darum gegeben, Sie in Berlin gesprochen zu
haben; aber ich wußte, daß Sie leidend sind und wollte mich
nicht zwischen Sie und die notwendige Stille drängen, die Sie
brauchen. Ich weiß nicht einmal, ob ich Ihnen meinen ›Ser-

---

[1] A. Z. ›Der Streit um den Sergeanten Grischa‹. Potsdam, Gustav
Kiepenheuer Verlag, 1927.
[2] S. F. ›Das Tabu der Virginität‹. (1918) G. W. XII, S. 159 ff.

geanten Grischa‹ geschickt habe, und ob ›Pont und Anna‹[1] zu
Ihnen gekommen ist, beides Bücher, die ich in niemandes
Hand lieber wüßte als in der Ihren. Vielleicht schreibt mir Ihr
Fräulein Tochter[2] darüber einige Zeilen, damit, was nicht ge-
schehen sein sollte, nachgeholt werden kann.

Heute komme ich eigentlich nur als Kommentator des Briefes
von Einstein, der diesem beiliegt. Aus dem kurzen Exposé, das
ich Sie herzlich bitte, sich vorlesen zu lassen oder selbst zu lesen,
geht hervor, daß wir, da wir keinen eigenen Staat haben und
da die Staaten, in denen wir leben, vollauf damit beschäftigt
sind, ihre eigenen Künstler halbwegs durchzubringen, daran
gehen, zunächst in Berlin, später auch in anderen Zentren
jüdisch-geistigen Lebens, denjenigen unserer schöpferischen
Menschen zu helfen, die hier in Westeuropa völlig ohne stüt-
zende Organisation sind, da sie entweder zu den ausgewander-
ten Teilen des russischen Bürgertums gehören und russisch
schreiben, oder aus Polen und der Ukraine stammen und jiddisch schreiben, oder von Palästina herüberkamen und hebräisch schreiben. Ihnen, die Schriftsteller, Gelehrte oder Dichter
sind, gesellen sich eine Anzahl bildender Künstler und Journalisten und einige deutsche Dichter jüdischer Artung und Ab-
stammung zu, denen es unmöglich ist, ihr bedeutendes Talent
aus Gründen ihrer Hemmungen oder ihrer Besonderheit so zur
Geltung zu bringen, daß sie davon leben können. Da ich nie
aufgehört habe, mich für die Standesinteressen der deutschen
geistigen Arbeiter einzusetzen, weiß ich, wie schwer es ist,
öffentliche Mittel selbst für diese zu bekommen. Wir kriegen
sie gerade am Hungern vorbei. Für die jüdischen aber, und besonders für die nicht deutsch schreibenden, gibt es keine einzige
Stelle, keinen einzigen Staat und keine einzige gemeinnützige
Organisation, die uns die Sorge für sie abnehmen könnte. Da
wir nun aber doch nicht zulassen können, daß sie hier mitten
unter uns schweigend untergehen, und da das Elend viel zu

[1] A. Z. ›Pont und Anna‹. Potsdam, Gustav Kiepenheuer Verlag, 1928.
[2] Anna Freud, geb. 1895, Freuds jüngste Tochter.

groß ist, als daß einzelne Mäzene mehr als vorübergehende Linderung bei einzelnen schaffen können, haben wir beschlossen, aus eigenen Kräften die Organisation aufzubauen, die in dem beigelegten Entwurf dargestellt worden ist. Sie, verehrter Herr Freud, bitten wir um nichts anderes als um Ihren Beistand in der Form Ihrer Unterschrift für unseren Ehrenausschuß. Sie werden jederzeit Bericht bekommen über das, was geschieht, und in keiner Weise anders beansprucht werden als dadurch, daß Sie mit dem Gewicht Ihrer Person eine Sache legitimieren, die notwendig ins Leben gerufen werden muß.

Wenn es uns gelingt, in Berlin durchzusetzen, was wir hier schaffen wollen und wozu die besten Voraussetzungen da sind, da wir Geldleute und kaufmännische Köpfe zu selbstloser Mitarbeit bereits gewonnen haben, wird die zu schaffende Organisation als nächsten Schritt auch auf Österreich, C. S. R. und Polen ausgedehnt werden, wo ja das Bedürfnis nach ihr in ebenso großem Maße vorhanden ist wie in Berlin.

Ich hoffe, keine Fehlbitte zu tun, und glaube, daß wir Ihnen bald weitere deutliche Zeichen ernster Absichten und sachgemäßer Arbeit werden geben können. Inzwischen bin ich mit dem Ausdruck meiner aufrichtigen Dankbarkeit und Verehrung

Ihr ergebener   Arnold Zweig

Wien IX, Berggasse 19
20. 2. 1929

Sehr geehrter Herr

Lassen Sie mich zuerst das zwischen uns Persönliche berühren. Ich habe seinerzeit den Sergeanten Grischa von Ihnen erhalten, liebe das Buch und versäume wenig Gelegenheiten, es zu rühmen. Pont und Anna kenne ich noch nicht, und wenn Sie es mir nicht bald schicken, muß ich es kaufen. Irgendwo habe ich gehört, daß diese beiden zu einer Trilogie gehören, deren letzter Band noch aussteht. Richtige Vergeltung ist es nicht, wenn ich anfrage, ob Sie mein letztes Büchlein ›Zukunft einer Illusion‹[1] besitzen. Ich werde wahrscheinlich nichts mehr veröffentlichen, wenn man mich nicht geradezu nötigt.

Am 11. März hoffe ich wieder in Berlin-Tegel zu sein (Sanatorium)[2]. Vielleicht nur für ein oder zwei Wochen, aber es wäre doch sehr schön, wenn ich Sie einmal sehen könnte. Mein Sohn Ernst Freud[3] wohnt Regentenstraße 23. Die Organisation, die Sie ins Leben rufen wollen, hat natürlich alle meine Sympathien. Obwohl ich sonst nicht viel zu geben habe, schmerzt es mich beinahe, daß Sie von mir nicht mehr verlangen als meinen Namen. Wie oft beneide ich Einstein um seine Jugend und Leistungsfähigkeit, die ihm gestatten, so viele Interessen tatkräftig zu fördern. Ich bin nicht nur alt, bresthaft, ruhebedürftig, sondern auch mit großen materiellen Verpflichtungen belastet. Ich muß ein beitragendes Mitglied Ihrer Gesellschaft werden, aber es kommt vor allem darauf an, daß Sie zahlreiche bessere Mitglieder als mich finden. An den mir nahestehenden kulturellen Institutionen, dem Psychoanalytischen Verlag, Lehrinstitut u. a., erlebe ich täglich das Elend der unzureichenden Geldversorgung und die Teilnahmslosigkeit der besitzenden Kreise. Und ich muß doch in erster Linie Psychoanalytiker sein, mein Schicksal erfüllen.

In der Hoffnung, von Ihnen zu hören und Sie bald zu sehen, mit herzlichem Gruß

Ihr Freud

Eichkamp, den 5. März 29

Lieber und verehrter Herr Professor Freud,

unseren allgemeinen Dank für Ihre guten Worte und Entschlüsse werden Sie wohl noch bekommen. Heute möchte ich ganz persönlich antworten und Ihnen sagen, daß ich (und auch

[1] S. F. ›Die Zukunft einer Illusion‹. (1927) G. W. XIV, S. 323 ff.
[2] Das erste Psychoanalytische Sanatorium, geleitet von Dr. Ernst Simmel.
[3] Ernst Freud, geb. 1892, Freuds jüngster Sohn.

Arnold Zweig
BERLIN-EICHKAMP
STRASSE G VII, Nr. 59
Tel. Uhland 8922

, d. 13. März 1924

Verehrter Herr Professor Freund,

erlauben Sie mir, Ihnen eine Bitte vorzutragen. Ich bitte um die Erlaubnis, Ihnen mein
Buch »Caliban oder Politik und Leidenschaft,
Versuch über die menschlichen Gruppenaffekte,
dargestellt am Antisemitismus« widmen
zu dürfen.
Dazu bewegt mich vielfältige Dankbarkeit.
erstens wäre ohne Ihr Denken, ohne Ihre
prinzipiellen Einsichten und neuen Maximen (Wiedereinsetzung der Seele in die Psychologie), ohne Ihre schöpferische Methode
des Philosophierens mein bescheidener
Beitrag zur theoretischen Erkenntnis nie
möglich gewesen. Zweitens schuldet Ihnen
der Antisemitismus, den Sie in allen Gestalten erlebt haben müssen, eine Reverenz.
Und drittens verdanke ich Ihrer neuen Se-
lenheilkunst persönlich die Wiederherstellung

meiner gesamten Person, nicht mehr und nicht weniger: sowohl die Enthüllung, daß ich an einer (Herz-)Neurose litt als auch die Aufhellung, daß er allen Gebieten des Lebens, mit diese Neurose kommend in meine Entfaltung mischte, sowie schließlich die Heilung dieser Neurose durch Ihre Methode und auf Ihrem Wege.

Ich gebe die Hoffnung nicht auf, Sie, verehrter Herr, auch noch persönlich zu sprechen. Ich glaube, daß ich Ihnen eine Anzahl prinzipiell richtiger Blicke auf die neurotischen Hemmungen des Künstlerschaffens vorlegen könnte, vielleicht von Ihnen längst gemachte Beobachtungen bestätigend.

Heute habe ich nur den Wunsch, daß Sie diese Dedikation eines Buches annehmen möchten, auch ohne es zu kennen, das Ihnen so sehr verpflichtet ist. Ihnen auf alle Fälle
immer ergeben:
Arnold Zweig.

meine Frau) uns auf den Augenblick freuen, wo wir Ihnen gegenübersitzen dürfen. Ich weiß nicht, ob ich Ihnen schon anläßlich ›Calibans‹ geschrieben habe, daß ich ohne die Analyse nie den Zugang zu meinen eigensten Produktionskräften wiederbekommen hätte und daß Ihre großen Entdeckungen und Methoden mich zu dem gemacht haben, was ich heute bin. Aber davon mündlich mehr – das läßt sich nur sagen. ›Pont und Anna‹ nun enthält in noch streng verhüllter Form eine abkürzende Erzählung dieses Sachverhalts; erst später werde ich einmal in großer Gestaltung an der Entwicklung und Heilung zweier Neurosen den Abriß der menschlichen oder zumindest der westlichen Kulturentwicklung geben. Ich wünschte sehr, daß ich bald zum Schreiben dieses meines zentralen Romans käme!

›Pont und Anna‹ ist nämlich *vor* dem ›Sergeanten Grischa‹ geschrieben und 1925 veröffentlicht worden. Nur kümmerte sich die Öffentlichkeit damals nicht um das Buch ›Regenbogen‹[1], in dem es stand. Jetzt hat man natürlich Augen dafür, aber man interpretiert es auch gleich falsch, nämlich als eine der Fortsetzungen des Sergeanten. Nun, Sie kennen den Europäer, man braucht darüber kein Wort zu verlieren.

›Die Zukunft einer Illusion‹ las ich in den Aushängebogen, entzückt und zum Widerspruch gestimmt. Selbstverständlich habe ich nämlich gerade auf diesen Punkt sehr viel Nachdenken und Intuition verwandt, und dank der analytischen Methode, *Ihrer* Methode, einige Entdeckungen gemacht, die ich in einem Traktat über das Göttliche methodisch darstellen möchte. Aber erst möchte ich Ihnen diesen Gedanken erzählen. Bis dahin bin ich mit aufrichtigen Grüßen, auch meiner Frau, Ihr dankbarer

Arnold Zweig

---

[1] A. Z. ›Regenbogen‹. Berlin, J. M. Späth Verlag, 1925.

z. Zt. Lermoos, Hotel Drei Mohren
18. Aug. 30

Lieber verehrter Professor Freud,

die Herren Ärzte behaupten zwar, ich sollte meine Augen schonen; aber zu welchem Ende, wenn ich Ihnen nicht einmal persönlich schreiben dürfte, wie sehr mich der Goethepreis der guten Stadt Frankfurt innen am Herzen gewärmt hat. Denn Mitfreude ist doch die schönste, die es gibt, und ein bißchen haben Sie sich doch sicher auch gefreut, erkennend, daß Ihr tiefer Pessimismus, die Zukunft der Analyse betreffend, vielleicht doch nicht ganz berechtigt ist. Dieser Goethepreis ist noch nicht verschandelt durch leichtfertige Vergebung; ohne Stefan George zu überschätzen, ist er doch ein kompromißloser Mann; Albert Schweitzer ist eine fast erschütternde Figur in dieser Zeit (wissen Sie etwas von ihm?), und nun Sie, der geradeste, furchtloseste Voranträger menschlichen Vernunftgebrauches: man gratuliere der Stadt Frankfurt! Ihnen aber wünschen wir nach der bösen Berliner Strapaze[1] erholende Tage am Grundlsee und ein Wohlgefühl in der Abendsonne. Mit herzlichen Grüßen für die Ihren, besonders für Fräulein Anna, immer Ihr

Arnold Zweig

Grundlsee-Rebensburg, 21. 8. 1930

Lieber Herr Doktor

Von den vielen Glückwünschen, die mir der Goethepreis eingetragen, hat mich keiner so ergriffen wie der, den Sie Ihren schlimmen Augen abgerungen haben – obwohl man Ihrer Schrift nichts anmerkt – und dies offenbar, weil ich in kaum einem anderen Falle so sicher fühle, daß meine Sympathie auf treue Erwiderung trifft. Ich bestreite nicht, daß mich der Goethepreis erfreut hat. Die Phantasie einer näheren Beziehung zu

[1] Bezieht sich auf die Behandlung bei Prof. Schröder zur Anfertigung einer neuen Kieferprothese.

18

Grundlsee

PROF. DR. FREUD ⬤ WIEN, IX., BERGGASSE 19

21. 8. 1930

Lieber Herr Doktor

Von den vielen Glück-
wünschen, die mir der
Goethepreis eingetragen, hat
mich keiner so zwischen
erfreut der von Ihren
schlimmen Augen abge-
wrungen haben, obwohl
man Ihrer Schrift nichts
anmerkt — und das offen-
bar weil ich in Kauern immer
außeraus Falle so hieße
fühle, daß meine Sympathie
auf Ihren beschriebenen
Schrift. Ich bestreite nicht
daß mich der Goethepreis
befreut hat. Die Phantasie
einer näheren Beziehung
zu Goethe ist allzu ver-
lockend und der Preis selbst
ist eher eine Verbeugung
vor der Person als eine
Wertschätzung ihrer Leistung.

Aber anderseits haben
solche Auszeichnungen
in meinem Lebensalter

… nach großer affektiver Bedeut…

… Für Ihre Hervorhebung … der Zeitgenossenschaft ist es wirklich spät, aus … … der Analyse lange nach meiner Zeit habe ich … gewußt, … … … … … … … … …

… Mit allen guten Wünschen

Ihr Freud

Goethe ist allzu verlockend, und der Preis selbst ist eher eine Verbeugung vor der Person als eine Beurteilung ihrer Leistung. Aber andererseits haben solche Anerkennungen in meinem Lebensalter weder viel praktischen Wert noch große affektive Bedeutung. Für eine Versöhnung mit der Zeitgenossenschaft ist es reichlich spät, am endlichen Durchdringen der Analyse lange nach meiner Zeit habe ich nie gezweifelt. Beim Durchlesen Ihrer Zeilen machte ich die Entdeckung, daß ich mich nicht viel weniger gefreut hätte, wenn man Ihnen den Preis gegeben hätte, und bei Ihnen wäre er eigentlich besser am Platze gewesen. Aber Ihnen steht gewiß viel Ähnliches bevor.

Frau und Tochter lassen sich Ihnen herzlich empfehlen, ebenso Ihrer lieben Frau, deren Zuschrift meinen besonderen Dank verdient. Meine Tochter wird mich am Goethetag in Frankfurt vertreten.

Mit allen guten Wünschen   Ihr Freud

Leermoos, Drei Mohren
d. 8. 9. 30

Lieber Herr Freud,

Diese Enttitelung ist die unmittelbare Folge der Ernennung zum Doktor, die ich zwar von Ihrer Hand lieber als von jeder anderen entgegennähme, die aber nach Gesetz und Recht zu empfangen mir nicht zukommt. Denn ich habe mich nie für fähig gehalten, einen akademischen Grad zu erwerben, sehr zu Unrecht, wie ich jetzt weiß, und muß nun den Rest meines Lebens nackt und bloß als schlichter Mann meines Namens hinbringen, eine Entbehrung, unter der ich besonders dann leide, wenn ich mir den heutigen Zustand unserer Universitäten vorstelle.

Ihr Brief nun, Ihr lieber, langer, mit der Hand geschriebener Brief, brachte mir neben allem anderen eine große Freude. Denn die Skepsis über die Zukunft der Analyse rührt nicht von mir her, lieber Herr Freud, sondern von Ihnen. Sie erschreckten mich damit in unserem Wiener Gespräch in Ihrer Wohnung, unter den Kostbarkeiten und Weihtümern, die die Gräber an Sie abtreten mußten, der so manches Grab aufgeschlossen hat. Sie sprachen damals tief enttäuschte und bittere Worte, und ich entsinne mich genau der Argumente, die ich Ihnen entgegensetzte und deren Kraft ich selbstverständlich nur gering einschätzen konnte gegenüber dem Gefühl, mit dem Sie, der Schöpfer, von Ihrem Geschöpf sprachen. Ich bin nun froh, zu hören, daß diese geringe Einschätzung unserer Mit- und Nachwelt eher einer vorübergehenden Verfinsterung Ihres Gefühls entsprach, als einem Freud'schen Urteil, – Verfinsterung, zu der niemand mehr Recht hat als Sie, die aber gelöst zu sehen, wir uns besonders freuen und nicht zum mindesten um Ihretwillen, denn wir, die wir die Analyse erfahren haben, zweifeln nicht an ihrer untötbaren Lebenskraft. Es schmerzt uns nur, Sie nicht in dem Gefühl zu wissen dessen, daß ein so lebendiges, dynamisches und aufwühlendes Geistesprinzip wie das Ihre, einmal in die Welt gesetzt, nicht mehr aufhören kann zu wirken, bis es den stumpfen Widerstand der Welt besiegt hat.

Was nun das Selber-Schreiben anlangt: es macht mir natürlich Spaß, Ihnen so zu schreiben, wie Sie es selber tun, und eine persönliche Beziehung herzlicher Art nicht durch eine Maschine vermitteln zu lassen. Aber ich bin gezwungen, darin Maß zu halten, denn die Vernarbung des linken Auges, bei der ich mich um nichts kümmerte, dauert jetzt ihre 5 Jahre, und das Auge ist noch lange nicht auf dem Zustand angelangt, bei dem ich wieder unbeschränkt Diener meiner Arbeit sein kann. Mein rechtes Auge aber spielt mir jetzt einen Streich, den ich Ihnen, dem Psychologen, nicht vorenthalten darf. Vorausschikken muß ich, daß das Flüssigkeitsbläschen in der Netzhaut beim Akt des Sehens in die Welt hinausprojeziert wird, wie durch eine Kamera, so daß ich im Zentrum des Sehfeldes eine trübe, runde, ziemlich undurchsichtige Gallerte sehe, umgeben von einem dunklen Rand, der rahmenartig wirkt und die Zone umgrenzt, auf der das Bläschen der Netzhaut anliegt. Seit

Mitte Mai nun erscheinen auf dieser mittleren graugelben Helligkeit Fratzen, bei Tag und Nacht, jeden Augenblick im wahren Sinne des Wortes, vor geschlossenem und vor offenem Auge. Es sind Fratzen, die ungefähr im Rhythmus des Pulsschlages wechseln, sich umbilden, und zwar immer die eines schnurrbärtigen Mannes in unendlichen Variationen. Während der ersten Monate waren es Judenfratzen. Alle Typen von jüdischen Gesichtern spielte das Auge mir vor. Danach waren es hauptsächlich Gesichter von liegenden Männern, vom Kinn her gesehen, mit geschlossenen Augen, von Toten also. Tageweise verwandelten sie sich in verwesende, zerbröckelnde Gesichter, dann wieder in Totenschädel, oft auch in portraitartige Darstellungen geistiger Männer in Kleidung verschollener Jahrhunderte mit Baretts und spitzen Bärten. In einem einzigen Falle erst zeigte mir diese Augenkamera ein weibliches Gesicht, auch wieder tot und verwesend, mit kurzer Nase und einer Art Krone über der Stirn. Sie können sich denken, wie sehr diese Erscheinung mich belästigt, aber auch interessiert. Ich lernte hier einen Wiener Neurologen kennen, Dr. Sch., und zwar bei einem Ausflug, auf dem man einander ohnehin als tagelanger Reisegefährte, Autositz neben Autositz, nahekommt. Gegen Ende unserer Bekanntschaft erzählte ich ihm von dieser Erscheinung, neugierig, was er sagen würde. Aber er meinte, ich hätte es möglicherweise einmal unwillkürlich gesehen, und ich erwartete es nunmehr regelmäßig, so daß ich an seinem Zustandekommen mitarbeite. Demgegenüber bin ich natürlich gewappnet. Ich weiß, wie sich ein Mensch verhält, der ganz passiv ist und seinen Sinn auf alles andere gestellt hat, als etwa auf dem Hintergrunde eines Waldes eine Totenmaske Friedrichs II. zu sehen, und einer, der sich ängstlich fürchtet: wird auch jetzt nicht wieder so eine Augentäuschung kommen?, und der sie damit hervorruft. Das Ding hat die Stetigkeit einer Halluzination, nur ist sie viel schwächer als eine solche und darauf beschränkt, aus dunkleren Linien auf einem gelblichen Untergrund, ein charakteristisches männliches Gesicht zu zeigen, ein lebendes oder ein totes. Meine Erklärung dieses optischen Phänomens, um sie Ihnen gleich zu sagen, ist freilich zu zwei Dritteln am Mann im Mond orientiert. Der Flüssigkeitstropfen in meiner Netzhaut gibt den Verästelungen des darunterliegenden Sehnervs Reizungen, auf die er mit hell und dunkel antwortet, da er ja nichts anderes gelernt hat. Die menschliche Phantasie sieht überall Gebilde der organischen Natur hinein, wo sie Anlässe dazu findet, in Wolken oder Berge und vorzugsweise Gesichter, so erzeugt auch meine Phantasie sich diesen unablässig wechselnden Mann im Mond, entsprechend denjenigen Anlässen aus dem rezenten geistigen Leben, die die Phantasie beschäftigen. Denn als ich mir dieser Tage das ungewöhnlich starke Buch ›Eroberer‹ von Malraux[1] vorlesen ließ, um mich von meinen eigenen Dingen etwas abzulenken, erschien meine Fratze in immer erneuter Chinesengestalt. Das Buch aber spielt in Kanton 1925 und ist sehr geeignet, die Phantasie zu beeindrucken. Trotzdem genügt mir diese Erklärung nur zu zwei Dritteln, wie ich sagte. Das letzte Drittel spreche ich noch nicht aus, da ich seiner noch nicht sicher bin, aber es könnte sehr sein, daß hinter diesen immer neuen toten Gesichtern Schuldgefühle meinem Vater und meinem Schwiegervater gegenüber mitspielen, ungelöste Bindungen, die ich erst einmal analytisch betrachten will, ehe ich weiter berichte. Die Judenfratzen nämlich wurden von den anderen, allgemeineren abgelöst, als ich aus Anlaß meines neuen Romans[2] mich in tiefere Schichten des Problems Juden und Jesus hineinbegab, autoanalytisch, wenn ich es so nennen darf, und eine ganze Reihe nicht uninteressanter ambivalenter Knotenpunkte entdeckte.

Ich merke, wie breit und lang, um mit Goethe zu sprechen, ich geworden bin, und beeile mich, zu schließen.

[1] André Malraux, ›Les Conquérants‹. Paris 1928 (deutsch: ›Die Eroberer‹, 1929).
[2] A. Z. ›De Vriendt kehrt heim‹. Berlin, Gustav Kiepenheuer Verlag, 1932.

Die Urkunde der Stadt Frankfurt darf man wirklich mit Befriedigung in seinen Schreibtisch schließen; sollten Sie aber gut gelaunt sein, um viel Spaß an einem der ausgewalzten Jubiläumsartikel zu haben, so schicke ich Ihnen den Aufsatz der Vossischen Zeitung, eines Doktors, der zu meinem hellen Entzücken die Seele und das Erlebnis gegen die Analyse verteidigt. Leider hat er von ihr weniger Begriff als ich von der Aviatik, obwohl Sie mit mir darin übereinstimmen werden, daß auch von der Aviatik nur jemand Begriffe hat, der selber lange geflogen ist, oder noch besser, die Maschine selber lange gesteuert hat.

Es ist diesmal herrlich in Österreich. Ich bin braun und vergnügt, auch meiner Frau geht es verhältnismäßig gut (sie vertrug die Höhe hier bei schlechtem Wetter nicht gut). Und ich habe eine kleine Überraschung für Sie hier beendet, die ich Ihnen Ende diesen Monats schon zu schicken hoffe und von der ich vorläufig nichts weiter sage, als daß es wenige Leser geben wird, denen sie so glasklar durchgeformt erscheinen wird wie Ihnen.

Und somit wünsche ich Ihnen einen Nachsommer, so herrlich, wie ihn Stifter gestaltet hat, und bin, mit immer gleichbleibender Freude,

Ihr Arnold Zweig

Schöne Grüße für Ihre tapfere Tochter und Ihre Gattin verstehen sich immer von selbst.

Grundlsee, 10. 9. 1930

Lieber Arnold Zweig

Ich beeile mich Ihnen zu bekennen, wie sehr ich mich meines Irrtums schäme. Ich hatte zwar ein unsicheres Gefühl, als ich die Titulatur niederschrieb, aber da hier offenbar unbekannte Mächte im Spiele waren, ist es nicht verwunderlich, daß ich mich rasch über die Mahnung hinwegsetzte. Die sofort angestellte Analyse dieser Fehlleistung führte natürlich auf heikles

Gebiet, sie zeigte als Störung den anderen Zweig[1] auf, von dem ich weiß, daß er gegenwärtig in Hamburg mich zu einem Essay[2] verarbeitet, der mich in Gesellschaft von Mesmer und Mary Eddy Baker vor die Öffentlichkeit bringen soll. Er hat mir im letzten Halbjahr einen starken Grund zur Unzufriedenheit gegeben, meine ursprüngliche starke Rachsucht ist jetzt ganz ins Unbewußte verbannt, und da ist es ganz gut möglich, daß ich einen Vergleich anstellen und eine Ersetzung durchführen wollte.

Dr. Sch. kenne ich nur dem Namen nach. Ich weiß, daß er der Schule Wagner-Jaureggs[3] angehört und bin nicht böse, daß Sie an ihm ein Beispiel des offiziellen klinischen Scharfsinns erlebt haben. Im Gegensatz dazu halte ich Ihre eigene undoktorliche Erklärung für richtig in allen drei Dritteln. Die Unbestimmtheit der Sinneseindrücke reizt die zentrale Neigung zu Illusionen deren Ausbau dann von der unbewußten Phantasie besorgt wird; die Situation scheint ähnlich wie beim sogenannten »chrystal-gazing«, über das Silberer[4] merkwürdige Beobachtungen in einem frühen Band unserer Zeitschriften veröffentlicht hat. Ich bedauere, jetzt fern von meiner Bibliothek zu sein. Seltsamerweise waren auch dort Bilder von alten Juden im Vordergrund. Ihr Experiment mit den Chinesen ist wohl von entscheidender Beweiskraft, Ihr Verdacht auf die alten Männer Ihrer Familie recht wahrscheinlich; zu vermuten ist, daß eigene Todeserwartungen die treibende Kraft abgeben. Das ganze Phänomen dürfte eines Tages verschwunden sein; wenn es nicht so quälerisch wäre, gäbe es eine ausgezeichnete Ge-

[1] Stefan Zweig.

[2] Stefan Zweig, ›Die Heilung durch den Geist‹. Leipzig, Insel Verlag, 1931.

[3] Julius von Wagner-Jauregg, 1857–1940, Professor der Psychiatrie in Wien, Nobelpreisträger 1927.

[4] Herbert Silberer, ›Bericht über eine Methode, gewisse symbolische Halluzinations-Erscheinungen hervorzurufen und zu beobachten‹. Jahrbuch für psychoanalytische und psychopathologische Forschungen 1911, III, S. 724–729.

legenheit zur Selbstanalyse. Durch die Lücke in der Netzhaut sähe man tief hinein ins Unbewußte. Eines Gegensatzes zwischen meinen Äußerungen bei Ihrem Besuch und im letzten Brief, sowie einer Änderung meiner Erwartungen infolge des Goethepreises wäre ich mir nicht bewußt. Ich habe es leicht, denn ich weiß absolut nicht mehr, was ich Ihnen damals gesagt habe. Die Vergeßlichkeit für eigene Aussprüche ist ja besonders groß und erleichtert einem alle möglichen Inkonsequenzen. Interessant ist gegenwärtig das Verhalten der Mitwelt, die sich bereitwillig für die ihr aufgedrungene Ehrung meiner Person in Frankfurt entschädigt. In einer Anzahl von deutschen und ausländischen Zeitungen flattert die Nachricht auf, daß ich hoffnungslos am Zungenkrebs erkrankt bin. Ich erhalte infolgedessen jetzt ebenso viele Kondolenzen und Behandlungsvorschläge wie vorige Woche Glückwünsche. Es ist erstaunlich, wie viele absolut verläßliche Heilmethoden es für dieses Leiden gibt.

Mit herzlichen Grüßen für Sie und Ihre liebe Frau   Ihr Freud

Berlin-Grunewald, d. 16. 9. 30

Lieber Herr Freud,
immer aufs neue überraschen und beschämen Sie einen jüngeren Mann durch die Schnelligkeit, Gründlichkeit und das freundliche Eingehen, womit Sie auf Mitteilungen antworten, die ja doch nur Randleisten um Ihr tägliches Gedankenwerk zeichnen können.

Es tut wohl, von Ihnen so bestätigt und zu gleicher Zeit so übertroffen zu werden an Erkenntnis eines Zustandes, in den Sie doch nur durch ein brechendes Medium hineinsehen konnten. In der Tat muß eine intensive Beschäftigung mit dem Tode in mir vorliegen; mehr wage ich zunächst noch nicht zu sagen. In Lermoos nämlich, während ich meinen Brief an Sie schrieb, bekam ich die Aufforderung der Weltbühne[1], ihr zum 25. Jubiläum etwas zu schreiben. Was war das erste, was mir

[1] Berliner Literarische Wochenschrift.

einfiel? Eine Revue all der Toten abzuhalten, die als Kritiker und Erkennende mir wichtige schriftstellerische Vorbilder, geistige Väter gewissermaßen bedeutet hatten. Und ich zählte sie von Poppenberg bis Jacobsohn, mit charakteristischen Eigenschaftsworten sehr genau beschworen, auf, ehe ich meinen Glückwunsch an die bestehende Weltbühne anhängte. Überhaupt machte mir mein Herz, das die Ärzte immer für ganz gesund erklären, in dieser 1000 Meter hohen Landschaft, freilich bei depressivem Wetter, mehr zu schaffen, als sich das mit einer Erholung verträgt: ich bin nun in einiger Verlegenheit, was zu tun. Selbstanalyse wäre sehr schön, wenn nicht die wunderbare Genauigkeit, mit der Sie Ihre Fehlleistung zergliedern, mir beweist, was ich ja schon weiß, daß mein Analytiker, Dr. K., zwar ein prachtvoller, braver Mensch ist, aber nicht gelernt hat, all die winzigen Zeichen sorgsam zu sehen und einzuordnen, die berücksichtigt werden wollen, wenn man ein Phänomen wirklich gründlich ausdeuten will. Und da ich also nicht genauer arbeiten kann, als ich es gelernt habe, wenigstens an und bei mir, so wird sich auch diese Selbstanalyse vielleicht nur auf einige wichtige Einzelauflösungen beschränken, nicht aber das ganze Geflecht abheben, das sich als Depression und Einschnürungen seit einiger Zeit deutlich bemerkbar auf mich legt. Andererseits bin ich mir nicht im klaren, ob es tunlich ist, auch einmal mit einem neuen, diesmal gründlichst geschulten Analytiker anzufangen, und bei wem? Und schließlich drängt es mich ungeduldig in meine Arbeit; Herbst und Frühwinter sind immer gute Erntemonate für mich gewesen. So bin ich in einer kleinen Schwierigkeit mit dem Phänomen, das sicher mit dem von Ihnen angeführten Kristallsehen gleichgelagert ist. Ich sehe übrigens, während ich diesen Brief diktiere und dabei liege, wie ich es gern tue, daß Sie vollständig recht haben und daß in der Tat ein Wunsch in mir regiert, zu sterben und in die Ruhe des Todes einzugehen, um einigen kleinen Konflikten zu entgehen, die ins Reich der Väter verweisen, nämlich wirtschaftlicher Natur sind: einerseits baue ich für mich ein kleines

Arbeitshäuschen am Waldrande, das finanziert werden will, andererseits ist auf mich die Rolle des Familienhauptes übergegangen, auch darin, daß meine Geschwister, zum Teil selbst Familienväter, von mir materielle Hilfe erwarten. Einerseits bin ich gezwungen zu beweisen, daß ich nicht geizig bin, andererseits, da ich mit der größten Leichtigkeit einen Scheck ausschreibe seiner Unanschaulichkeit wegen, aber sehr ungern eine Banknote aus der Hand gebe, die ja doch das eigentliche Geld ist: so ziehe ich es vor, in den Sarg zu flüchten, damit mich die Anforderungen des Lebens und der Familie in Ruhe lassen – vom Staat und seinem Finanzamt zu schweigen. Diese Analyse hat mich sehr erleichtert und belustigt.

Daß Sie Kondolenzen bekommen, wird Sie auf grimmige Weise erheitert haben. Es gehört zu Ihrer sehr männlichen Lebensform, mit dem Siechtum fertig zu werden, das fast als eine Art Berufsverletzung aufgefaßt werden muß. Um so mehr haben Sie nun Recht, in Ruhe gelassen und vor der Literatenpsychologie beschützt zu bleiben. Sie werden wohl wissen, daß Sie es sind, der der Wiener Literatur das Lebenslicht ausgeblasen hat. Sie war gerechtfertigt durch ihre Seelenkenntnis und sprachbildende Spielfreude. Sie haben gezeigt, daß die menschliche Seele sozusagen sieben Stockwerke hat und daß die Wiener Schriftsteller nur die Farben ihres Daches hübsch beschrieben haben; aber unvergleichlich schärfer, genauer und anschaulicher als irgendeiner, selbst als Arthur Schnitzler, den ich als Menschen und als Schriftsteller gern gelten lasse und warm ansehe, haben Sie ausgedrückt, was sich der Kenntnis bisher entzogen hatte. Andere werden sich, fürchte ich, dem geistigen Gehalt der Analyse gegenüber genauso wehrlos befinden, ihrem Umfang, ihrer Tatsachenfülle und ihrer aufschließenden Kraft, wie vor dem geistigen Phänomen Nietzsche. Ich war damals in der besonders zwangvollen Lage, daß ich gerade einen Essay-Band ›Lessing, Kleist, Büchner‹[1] veröffentlicht

[1] A. Z. ›Lessing, Kleist, Büchner. Drei Versuche‹. Berlin, J. M. Späth Verlag, 1925.

hatte, der mir sehr viel besser vorkam als das ›Nietzsche, Kleist, Hölderlin‹-Buch[1]. Dabei übersehe ich nicht, wieviel Mühe es bedeutet, über einem völlig ungeklärten, gut verzementierten Unterbewußten aus sauberen Bestandteilen eine geistige Schriftstellerexistenz aufzubauen und, während die eigentlichen produktiven Quellen mit vermauert wurden, aus den spärlichen Rinnsalen, die die Verdrängung durchließ, seinen Garten zu bewässern. Mit Stefan Zweig stehe ich in einem lockeren Briefwechsel. Schon zu seinem Nietzsche äußerte ich mich unumwunden kritisch, blieb aber öffentlich stumm. Weiterhin wird sich das wohl nicht durchführen lassen.

Das haben Sie nun von Ihrem freundlichen und, ich möchte sagen, väterlichen Briefschreiben: Sie bekommen von mir Abhandlungen und fast Bücher zurück. Ich brauche nicht zu sagen, daß Sie der einzige Mensch sind, dem ich dergleichen zumute und an den ich dermaßen ohne spanische Wände und Topfdeckel herangehe. Als Sie hier gequält und arbeitslos in Tegel lebten, hatte ich schon vor, Ihnen das kleine Manuskript zu schicken, das meine in Oberbozen geträumten Träume enthielt, von denen mindestens einer wirklich eine spaßhafte Lektüre ist. Ich tue es nächstens wirklich und warte nur noch, um an diesen einen, den ich das ›Pergamon von Suschak‹ nenne, meine deutenden Anmerkungen anzuheften. Es hat mir sehr wohlgetan, diesen Traum geträumt zu haben.

Und nun höre ich plötzlich, daß Zeitungen den Tod Ihrer Mutter melden. Wer wie Sie die Vorhänge des Lebens zu lüften verstand und so lange gelebt hat, spricht mit dem Tod sein eigenes Wörterbuch. Trotzdem ist der Tod einer Mutter, auch wenn sie sehr alt geworden ist, ein Riß, der in der Seele eines Sohnes Schmerz auslöst. Und diesen Schmerz fühle ich mit Ihnen.

In dieser Gesinnung

Ihr Arnold Zweig

[1] Stefan Zweig, ›Der Kampf mit dem Dämon. Hölderlin, Kleist, Nietzsche‹. Leipzig, Insel Verlag, 1925.

Liebster Herr Zweig

Ihre kleine Komödie[1] habe ich, unmittelbar ehe ich für eine
Woche bettlägerig wurde, (mit Fieber) durchgelesen. Ich bin
weit davon entfernt, ihr einen Einfluß auf meine Erkrankung
zuzuschreiben. Vielleicht aber hat letztere bereits mein Urteil
über die Komödie beeinflußt. Denn ich habe sie nicht goutiert,
vor allem gar nicht lustig gefunden und infolge der Differen-
zen zwischen norddeutsch und süddeutsch mich auch im Dialog
schlecht zurechtgefunden. Ich hoffe, Sie kränken sich nicht über
meine Ausstellungen, wenigstens wissen Sie, wenn ich nächstens etwas, was Sie mir schicken, leidenschaftlich lobe, dann
wissen Sie also, daß es ernstgemeint ist.

Meine Wünsche für Ihr und Ihrer lieben Frau Wohlbefinden
wollen zu günstigerer Zeit bei Ihnen eintreffen als Ihrem
Wunsch vergönnt war.

Herzlich   Ihr Freud

Berlin, den 5. November 1930

An Herrn
Prof. Sigmund Freud
Internationaler Psychoanalytischer Verlag
Wien I.
Börsegasse 11.

Sehr geehrter Herr Professor,
ich erlaube mir, für die beiliegenden Darlegungen um Ihre
freundliche Aufmerksamkeit zu bitten.
Ich wäre Ihnen dankbar, wenn Sie sich nach ihrer Kenntnis-
nahme entschließen könnten, einer wichtigen und guten Sache
durch Ihre Unterschrift unter die beiliegende Kundgebung, die

[1] A. Z. ›Laubheu und keine Bleibe‹. Berlin, Gustav Kiepenheuer Verlag, 1930.

31

der Sowjet-Regierung und der Öffentlichkeit der Erde unterbreitet werden wird, Nachdruck zu geben.

In ausgezeichneter Hochachtung

Ihr ergebener Arnold Zweig

Berlin-Grunewald, d. 7. XI. 30

Lieber Herr Freud,

Aus Ihrem Briefe entnahm ich zunächst und vor allem, mit einem gewissen Schrecken, daß Sie bettlägerig waren. Ich hoffe aber, dies ist vorüber, und der wundervolle November, der uns hier beschert ist, gibt auch Ihnen die Möglichkeit, auf den Kobenzl zu fahren und sich von der Sonne noch etwas anwärmen zu lassen, damit der Winter gut vorübergehe.

Die Geschichte mit ›Laubheu und keine Bleibe‹ liegt genau so, wie Sie sie skizzieren. Das Stück ist weder ganz komisch noch ganz tragisch, und seine Stile gehen wirklich durcheinander. Das hoffte ich auf der Bühne überwunden zu sehen durch die Kraft des Schauspielers, der man ja auch etwas überlassen muß. Was mir das Stück lieb macht, ist die Veranschaulichung, die seelische Kräfte wie Übertragung, Durchbruch verdrängter Taten, ja die Wiederholung einer getanen und verdrängten Tat symbolisch gefunden hatten, ohne daß ich es auch nur im entferntesten beabsichtigte.

Wie die Theaterverhältnisse liegen, wird wahrscheinlich dieses neunjährige Stück Barmizwah werden müssen[1], ehe es gespielt wird, und darum schickte ich es Ihnen.

Und nun bin ich mit den besten Wünschen und Grüßen für die Ihren und auch im Auftrag meiner Frau

wie immer Ihr   Zweig

[1] Barmizwah: jüdische Konfirmation, d. h. 13 Jahre alt werden.

Lieber Herr Zweig

Ich habe zweierlei von Ihnen erhalten, ein Blatt, überschrieben »Kundgebung« und ein mit dem Datum »Berlin Anfang Januar« versehenes Memorandum. Ich nehme an, daß Sie meine Unterschrift nur für das erstere wünschen. Ich gäbe sie gerne, wenn diese Kundgebung nicht den Ausfall gegen den »kapitalistischen Wirtschaftswirrwarr« enthielte. Denn das käme einer Parteinahme für das kommunistische Ideal gleich, und von dieser bin ich weit entfernt. Bei aller Unzufriedenheit mit den gegenwärtigen Wirtschaftsordnungen fehlt mir doch jede Hoffnung, daß der von den Sowjets eingeschlagene Weg zur Besserung führen wird. Ja, was ich von solcher Hoffnung nähren könnte, ist in diesem Jahrzehnt der Sowjetherrschaft untergegangen. Ich bleibe ein Liberaler vom alten Schlag. In meiner letzten Schrift[1] habe ich das Gemisch von Despotismus und Kommunismus unbedenklich kritisiert. Ich weiß nicht, ob die russischen Diktatoren überhaupt auf die Äußerungen der paar »Intellektuellen« achten – wahrscheinlich kümmern sie sich einen blauen Teufel um sie –, aber wenn sie das tun, kann es der Wirkung der Kundgebung nur abträglich sein, daß ein erklärter Gegner wie ich sie unterzeichnet.

Noch weniger kann ich mich natürlich mit der Parteinahme des längeren Schriftstückes einverstanden erklären. Es tut mir leid, Ihnen etwas abzusagen, und ich grüße Sie beide herzlich

Ihr Freud

---

[1] Offenbar: S. F. ›Das Unbehagen in der Kultur‹..(1930) G. W. XIV, S. 419 ff.

Berlin-Grunewald, Zikadenweg 59
den 2. Dezember 30

Lieber und verehrter Herr Freud,

An Ihrer Antwort nehme ich zunächst mit Aufatmen wahr, daß es Ihnen besser gehen muß, da Sie mit der Hand schreiben und in unveränderter Festigkeit und Ruhe. Ihren Vorbehalt und den Grund Ihrer Ablehnung verstehe ich nur zu gut, ich setze selbst nicht sehr viel Hoffnung in die Wirkung des Ganzen. Aber aus Rußland kamen Männer, die uns baten, ihre kämpfenden Kameraden durch unser Votum zu unterstützen, und die, anders als ich, diese Unterstützung hoch einschätzten. Es schien mir menschlich nicht möglich, mich dem Appell dieser tapferen Leute zu entziehen.

Wie ich über das stalinistische Rußland denke, können Sie, wenn Sie wollen, zwei Aufsätzen[1] entnehmen, die ich anläßlich der letzten Hinrichtungen in der Weltbühne publiziert habe. Eine Fülle Für und Wider ist dadurch entfesselt worden, die jungtuenden Literaten schäumen auf, weil für sie alles, was mit Rußland zusammenhängt, Tabu ist. Der kapitalistische Wirtschaftswirrwarr wird aber dadurch nicht schöner, daß der kommunistische Gewaltakt so fürchterliche Folgen zeitigt oder daß bei Ihnen in Wien die breite, behagliche Lebensgrundlage für den bürgerlichen Menschen, eingeschrumpft durch den unseligen Krieg, nun durch sozialistische Verwaltungsmaßnahmen noch verringert wird. Wir leben in schweren Übergangsjahren, niemand weiß, wohin dieser Übergang gehen will, der Kampfcharakter unserer Gesellschaft, Klasse gegen Klasse, wird immer unverhüllter. Früher halfen wir uns durch eine Ideologie der Flucht – Flucht in die Zukunft gleich Sozialismus, Flucht aus der modernen Gesellschaft, deren Unbehagen Sie so herrlich durchleuchtet haben, in rousseauistischen Zionismus. Allgemach ergibt sich, daß es eine Flucht nicht gibt und daß die

[1] A. Z. ›Die Moskauer Hinrichtungen‹. Berlin, Die Weltbühne, 1930, Heft 46.
A. Z. ›Macht oder Freiheit?‹ Berlin, Die Weltbühne, 1930, Heft 48.

Gegensätze ausgefochten werden müssen, ich fürchte, noch in unserer Zeit. Ich bin nicht entzückt davon; als Künstler brauche ich eine ruhige Atmosphäre ohne einen anderen Druck als den der Formprobleme und Gestaltungsaufgaben meiner Bücher. Aber Sie sehen, wir werden nicht gefragt.

Immer wieder stoße ich bei meinen Gedanken auf das Thema eines Aufsatzes, welchen ich über Ihr Verhältnis zu Nietzsche schreiben müßte, wenn ich Zeit hätte[1]. Ich sehe nämlich die Sache so, daß Sie alles getan haben, was Nietzsche intuitiv als Aufgabe empfand, ohne doch imstande zu sein, es mit seinem von genialen Inspirationen durchleuchteten Dichteridealismus auch wirklich zu erreichen. Er versuchte, die Geburt der Tragödie zu gestalten, Sie haben es in Totem und Tabu[2] getan, er ersehnte ein Jenseits von Gut und Böse, Sie haben durch die Analyse ein Reich aufgedeckt, auf das zunächst einmal dieser Satz paßt. Die Analyse hat sich alle Werte umgewertet, sie hat das Christentum überwunden, sie hat den wahren Antichrist gestaltet und den Genius des aufsteigenden Lebens vom asketischen Ideal befreit.

Sie hat den Willen zur Macht auf das zurückgeführt, was ihm zu Grunde liegt, ja in Einzelfragen, die Nietzsche sehr beschäftigten, über die sprachliche Herkunft moralischer Begriffe ein unendlich viel größeres und wichtigeres Problem des Sprechens und Aussprechens, Gedankenverbindens und Mitteilens angeschnitten und gelöst. Den logizistischen Geist, den er als den sokratischen ablehnte, haben Sie in seiner Bedingtheit, seiner Beschränktheit auf die bewußten Reiche viel schärfer eingekreist und, dank der Tatsache, daß Sie ein Naturforscher sind und ein Schritt für Schritt vorwärtsgehender Psychologe dazu, das erreicht, was Nietzsche gern vollbracht hätte: die wissenschaftliche Beschreibung und Verständlichmachung der mensch-

[1] A. Z. ›Apollon bewältigt Dionysos‹. Paris, Das Neue Tagebuch, 1936, Heft 18 (Wochenschrift, in der Emigration hrsg. von Leopold Schwarzschild).
[2] S. F. ›Totem und Tabu‹. (1912/13) G. W. IX.

lichen Seele – und darüber hinaus, da Sie ja Arzt sind, ihre Regulierbarkeit, den heilenden Eingriff gelehrt und geschaffen. Ich glaube auch, daß eine Fülle von einzelnen Beobachtungen, die zum Beispiel den Schriftsteller Freud betreffen, Brücken zu Nietzsche hinüber zeigen und daß die Unerschrockenheit des »mit dem Hammer philosophierenden« Nietzsche weit übertroffen wird von derjenigen, die das Orphische und Dionysische Nietzsches in schlicht sachlich wirkender Richtung suchte und aufdeckte, in der es noch heute in jedem von uns wirksam ist. Leider bin ich nicht in der Lage, wenigstens vorläufig diesen Aufsatz zu schreiben, weil die Beherrschung des Materials mir im Augenblick und für die nächsten Jahre versagt ist. Aber schade bleibt es doch, denn die Welt wäre bestimmt bereit aufzuhorchen, weil sie einen Einordnungsfimmel hat und erst versteht, was sie klassifizieren kann. Nun wäre noch herrlich, wenn Sie sich einmal den »wirklichen Willen zur Macht«, nämlich im gesellschaftlichen Kampf den Machtwillen der Politiker vornähmen und ihn in einem Ihrer gelben Büchelchen[1] von seiner ideologischen Bewußtseinshelle bis in die Tiefen hinunter verfolgten. Dann wäre der Kreis der Freud-Nietzsche'schen Beziehung geschlossen. Wenn Sie jemanden wissen, der imstande wäre, das von mir skizzierte Thema gut, nämlich gründlich, und mit leichter Beherrschung des Materials zu schreiben, stelle ich ihm gern diese ersten Tupfen zur Verfügung. Wir gehen in die dunkelste Zeit des Jahres, wie ich fürchte, in jedem Sinne, und ich weiß nicht, ob ich Sie beneiden soll, daß Sie die Härten der Gegenwart darum noch schroffer empfinden müssen als unsereiner.

Mit besten Grüßen und Wünschen   Ihr Arnold Zweig

[1] Die Bücher des Internationalen Psychoanalytischen Verlages erschienen zum Teil in gelbem Leinen.

Lieber Herr Zweig

Es hat mich sehr gefreut, in Ihrem Brief den alten warmen Ton zu finden, obwohl ich in letzter Zeit nur Ablehnungen von mir gegeben hatte.

Was Sie über das Sowjetexperiment schreiben, schlägt bei mir ein. Wir sind durch dasselbe um eine Hoffnung – und eine Illusion – ärmer geworden und haben keinen Ersatz dafür. Wir leben schlechten Zeiten entgegen; ich sollte mich mit der Stumpfheit des Alters darüber hinwegsetzen, aber ich kann's nicht helfen, daß mir meine sieben Enkel leid tun.

Das gelbe Buch, das Sie von mir wünschen, kann ich doch nicht schreiben. Ich weiß zu wenig von dem Machtstreben der Menschen, da ich doch als Theoretiker gelebt habe. Ich verwundere mich auch immer über die Strömung der letzten Jahre, die mich so weit ins Aktuelle, Zeitgemäße getrieben haben. Auch möchte ich ja überhaupt nichts mehr schreiben, doch schreibe ich wieder eine Einleitung[1] für etwas, was ein anderer macht, ich darf nicht sagen was es ist, ist zwar auch eine Analyse, aber dabei doch höchst gegenwärtig, beinahe politisch, Sie können es nicht erraten.

Ihre Aufsätze werde ich hier bekommen. Den über das Verhältnis von Nietzsche's Wirkung zu meiner sollten Sie doch schreiben, ich brauche ihn ja nicht zu lesen. Schreiben Sie es einmal, wenn ich nicht mehr da bin und Sie von der Erinnerung an mich heimgesucht werden. Daß Sie Ihr Gedankenmaterial zu diesem Thema einem anderen überlassen, das geht doch nicht, und wer sollte es sein. Ich kenne keinen.

Ich bin mit meiner Prothese nicht zufrieden, denke aber nicht daran, ihretwegen nach Berlin zu kommen. Ich meine, es läßt sich auch dort nichts Besseres erreichen. So werde ich Sie, Ihre

---

[1] S. F. Einleitung zu: William C. Bullitt and Sigmund Freud, ›Thomas Woodrow Wilson: A psychological study‹. London, Weidenfeld, 1967.

liebe Frau, meine Kinder und ihre Familien nicht so bald wiedersehen. Aber Sie schreiben mir wieder einmal.

Mit herzlichen Grüßen   Ihr Freud

Eichkamp, den 27. 12. 30

Lieber Herr Freud,

Sie wollten mich ja gar nicht auf eine Probe stellen – und wozu auch? Sie wissen, daß Ihre Lebensarbeit die meine im wahren Sinne erst möglich gemacht hat und daß ich glücklich bin, das ganz empfinden und Ihnen manchmal ausdrücken zu können. Heute nehme ich dazu die Füllfeder, die auf dem verwünschten Papier gar nicht ansprechen will, und bringe ein Neujahrssprüchlein an, das natürlich mit dem Worte »Möge« anfangen muß: Möge also das Jahr 1931 Ihnen neben der unvermeidlichen Plage auch ebensoviel Freude bringen wie dieses abgelaufene! Sie haben das Recht, Ihre Enkel zu beklagen; wir, eine in jedem Sinne abgehärtete Generation, sind entschlossen, uns mit dem verdammten Leben herumzuschlagen, es nehmend, wie es nun einmal ist, und im übrigen keine Unannehmlichkeiten zu suchen oder aus Heroismus auszuhalten, sondern das Angenehme aufzusuchen, wie das die Menschen von jeher getan haben. Ich habe den Füllhalter gewechselt, jetzt geht es glatt voran, Verschreibungen kommen, falls ich mal m für n setze – oder umgekehrt – von der Unfähigkeit des Auges, die schnelle Feder zu kontrollieren. Ihre Einleitung macht mich auf das Eingeleitete sehr gespannt. Heute komme ich mit einer Bitte, die Sie bestimmt nicht mißverstehen werden. Ich beziehe in den nächsten Wochen einen Arbeitspavillon, den ich mir nahe unserem allzukleinen Häuschen habe errichten lassen. Darin werden zum ersten Mal in meinem Leben alle meine Bücher nebeneinander Platz haben und sogar noch Raum sein für vielbändige Neuanschaffungen. Wenn ich mir durch Kiepenheuer bei Ihrem Verlag ein Exemplar Ihrer Gesammelten Schriften bestellen lasse, um den Buchhändleraufschlag zu umgehen: werden Sie mir in Band 1 oder in den letzten Band Ihren Namen einschreiben? Nur als Zeichen Ihrer Hand in Ihrem Werk; das Persönliche schwingt ja doch über die Lebensdauer des Individuums weit hinaus und lebt zeugend weiter. Wir werden in der Neujahrsnacht Ihrer bei einem Glase Wein gedenken und Ihnen das Beste wünschen.

Wie stets Ihr   Arnold Zweig

Wien IX, Berggasse 19
30. 12. 1930

Lieber Herr Zweig

Selbstverständlich! Ich schreibe heute dem Verlag, daß, wenn die Bestellung durch Kiepenheuer erfolgt, mir der erste Band zur Beklecksung des Titelblatts zugeschickt werden soll.

Diese Karte nützt das Datum aus, um Ihnen und den Ihrigen in Anlehnung an einen uralten Allmachtsaberglauben ein glückliches Jahr 1931 zu wünschen.

Herzlich   Ihr Freud

Wien IX, Berggasse 19
10. 5. 1931

Lieber Herr Zweig

Ich wollte Ihnen – will es eigentlich noch – Vorwürfe machen, daß Sie sich so unbedacht in überflüssige Erkrankungen verschiedener Organe und Funktionen einlassen, wie Ihr Schreiben[1] dunkel andeutet, aber es ist mir doch rechtzeitig eingefallen, daß ich für solche Kritik nicht der richtige Mann bin. Denn am 24. April hatte ich eine neuerliche Operation durchzumachen – wegen einer im Grunde ähnlichen Wachstumsüppigkeit wie vor acht Jahren –, habe dabei ein gutes Teil meiner Betriebskräfte eingebüßt und bin heute, nach all den Zumutungen dieser Zeit kraftlos, kampfunfähig und sprachgehemmt, gar kein erfreulicher Rest von Realität. Wohlmeinende Freun-

[1] Hinweis auf einen nicht veröffentlichten Brief.

de raten mir, für einen Ausgang des Lebens lieber einen anderen Weg auszuwählen als gerade Rezidiven an dieser Stelle; ich bin einverstanden, aber so recht ohne Einfluß auf das weitere Geschehen.

Morgen will ich den ersten Versuch wagen, mich in die Arbeit einzuschleichen. Eine Stunde vor-, eine nachmittags. Das Leben für seine Gesundheit unter Denkmalschutz ist sonst schwer erträglich. Sobald meine Behandlungen mir Zeit lassen, gebe ich den Verlockungen Ihrer 18 Geschichten[1] nach. Mir ahnen da schöne Eindrücke. Ihre Phantasien sollten Sie geduldig weiter verfolgen. Sie werden erstaunlich viel finden und wahrscheinlich vor den poetischen Fähigkeiten Ihres Unbewußten einen großen Respekt bekommen. Nur erwarten Sie nicht zu bald fertig zu werden. Der Reichtum ist nicht so bald zu erschöpfen. Ich rate Ihnen von allen weiteren dilettantischen Krankheitsexperimenten ab und grüße Sie und Ihre liebe Frau herzlich

Ihr Freud

Wien IX, Berggasse 19
10. 12. 1931

Lieber Herr Zweig

Dank für Ihr schönes Buch[2]! Durch aktive wie passive Behandlungen in Anspruch genommen schlürfe ich es in kleinen Schlücken in freien Halbstunden. Jedes Kapitelchen ein kleiner Leckerbissen. Ich bin freilich erst im idyllischen Vorspiel, vermute es wird tragischer werden. Ich schreibe Ihnen dann, wenn ich fertig bin, in gewohnter Ungeniertheit. Irgendwie schließe ich aus den Worten Ihrer Widmung (froh so weit gekommen zu sein), daß es Ihren Augen und somit Ihnen gut geht, und hoffe mich nicht zu irren.

[1] A. Z. ›Knaben und Männer (18 Erzählungen)‹. Berlin, Gustav Kiepenheuer Verlag, 1931.
[2] A. Z. ›Junge Frau von 1914‹. Berlin, Gustav Kiepenheuer Verlag, 1931.

Von mir ist wenig zu sagen, wenig, was mitteilenswert wäre, das Lebensgefühl wird in eigentümlicher Art schwächer usw. usw.

Kiepenheuer's Angebot ist für die Propaganda sehr verlockend, aber für den Internationalen Verlag wäre es Selbstmord darauf einzugehen. Er verlangt natürlich jenes Buch, was am besten geht, die Vorlesungen. Ich bin eben dabei, unsern Verlag durch Spenden und erhebliche eigene Geldopfer vom Abgrund des Bankrotts zurückzureißen, und kann ihm einen solchen Verzicht (für nur M 7500) nicht auferlegen. Für die Nobelpreischance möchte ich aber nicht eine einzige Mark auf's Spiel setzen.

Nun also schöne glückliche anregungsreiche Reise und hie und da ein Kärtchen an Ihren

herzlich ergebenen Freud

Berlin-Grunewald, Zikadenweg 59
11. 12. 31

Lieber Herr und Vater Freud,

Inzwischen ist mein Buch bei Ihnen und hat von meinem langen Schweigen den ärgeren Teil hinweggenommen. Es ist nur das Bruchstück eines Bruchstückes, freilich gerundet und gegliedert – ich schätze mich glücklich, von unserer jüdischen Mittelmeerkomponente nur oder gerade soviel in mir aktiv zu sehen, um ins organische Treiben der Fantasie die Ordnung durchdachter Grundrisse bilden zu können – nicht soviel also wie Ihre Landsleute, die vor lauter Formalerlebnissen nicht zur wirklichen Form kommen oder, leider, kamen. Der tote Hofmannsthal, auf den dies »leider« sich bezieht, scheint mir tief bedauernswert; andere Tote, unvollendet hingegangen wie er, beklage ich nicht im entferntesten so wie diesen hochbegabten Menschen, von dem höchstens Gedichte bleiben werden und das Andenken an die geistige Gestalt. Aber dies ist nur eine Parenthese, hervorgerufen vielleicht durch Arthur Schnitzlers

Tod, zu dem ich noch kein Wort sagen konnte – zu niemandem. Denn er ähnelte meinem Vater körperlich, nur daß mein Vater ein bäurischer Jude war, und sein ›Weg ins Freie‹[1] hat mir einmal mehr bedeutet als die anderen Erzeugnisse Schnitzlers und seiner Generationsgenossen. Ich gehe zu etwas Erfreulicherem über, das für mich mit Schuldgefühlen verschleiert ist: zu Ihrem Fünfundsiebzigsten. Ich hatte der Weltbühne einen Aufsatz gegeben, der an zwei kleine Aktualitäten von damals anknüpfte und an Ihr Buch ›Theoretische Schriften‹, aus dem ich mir damals vorlesen ließ, bis die Korrekturarbeiten alles andere verschlangen. Die Zeitschrift, der ich seit 1912 treu angehöre, hat diesen Aufsatz bis heute nicht gebracht; jetzt sind die beiden Aktualitäten eines Kommentars bedürftig, und ich weiß nicht, ob ich ihn jetzt noch so werde drucken lassen können. Die Sitten des Zeitalters sind drollig, und das Gemüse des Ruhms hat eigentlich nur Bestand im Dörrgemüse der Zeitungsausschnitte, die meine Sekretärin mir hinlegt, um sie wieder wegpacken zu dürfen.

Inzwischen habe ich Anlaß gehabt und Gelegenheit genommen, die Segnungen Ihrer Entdeckungen und Schöpfungen meinen kleinen Söhnen[2] zuteil werden zu lassen. Der eine zeichnete und malte sehr aufschlußreich. Bei diesen Zeichnungen konnte ich ihn fassen; Gespräche bei Tisch über Nahrungsmittel halfen eine Öffnung des Verdrängten machen. Die Wirkung war einfach überwältigend. Er wurde in der Schule plötzlich mit einem Zweier nach dem anderen bedacht, und seine Malereien änderten sich aus dem Dämonischen ins Entzückende. Nach jeder Unterhaltung stürmte er mit schallendem Gesang davon – vielleicht kann ich Ihnen die Sammlung seiner Malereien einmal zeigen, wenn Sie wieder nach Tegel oder wir nach Österreich kommen. Mit dem anderen geht es langsam,

[1] Arthur Schnitzler, ›Der Weg ins Freie‹. Berlin, S. Fischer Verlag, 1908.

[2] Michael H. W. Zweig, geb. 1920, Übersetzer in Berlin. Adam Zweig, geb. 1924, lebt heute als Psychologe in Bern.

ich gäbe ihn gern jemand anderem in Behandlung, aber Frau B. meldet sich leider nicht, trotz zweier Briefe oder, genauer, einer Karte und eines Briefes. Schlimm ist die Last, die die verfluchten Nazis auf die Kinderseelen wälzen. Ich mache jetzt die Neuauflage von Caliban, ich übersetze ihn aus dem Gelehrten ins Deutsche, damit die Politiker ihn lesen; ich bin leider in all und jedem bestätigt worden, was ich 1920 gesehen habe.

Und nun: leben Sie wohl! Ich bin eigentlich jeden Tag mit Ihren Dingen beschäftigt, meine Verbindung mit Ihnen bringt eine unabreißende Zuwendung zu Ihnen mit sich. Leider sollen sich meine Augen jetzt ausruhen, darum habe ich das Buch von Frau Lou[1] nicht aufgeschnitten. Aber bei so schönem Sonnenschein kann ich mir den Luxus des Schreibens nicht verkneifen, und ein Brief an Sie ist überhaupt kein Luxus, sondern die einzige große Freude eines Menschen, der mal ein leidenschaftlicher Briefschreiber war.

Und damit grüße ich Gattin und Tochter auch von meiner Frau und bin von ganzem Herzen

Ihr Arnold Zweig

P. S.
Dies alte Papier stammt aus russischen Akten, es dürfte älter sein als Sie, aus dem Jahre 1850 stammen.

2. P. S.
Vormittags schrieb ich dies. Mittags kam Ihr lieber Brief. Ich freue mich so, daß unsere Gefühle sich kreuzten. Ich finde: vier Jahre Krieg waren schlimmer als alles, was es jetzt so gibt. Auch die Kinder waren damals bedauernswerter als heute. Man kann auch Läuse haben, in einem Erdloch wohnen und Brot mit Schimmel essen, wie wir es lange taten – das Gefühl, zu leben, allein schon lohnt, geboren worden zu sein.

Ihr Zw.

[1] Lou Andreas-Salomé, ›Mein Dank an Freud‹. Wien, Int. Psychoanal. Verlag, 1931.

Wien IX, Berggasse 19

7. 1. 32

Lieber A. Z.

Meine Frau meint, daß eine Ihnen zu Weihnachten zuge-
schickte Photographie eines alten Juden nicht angekommen ist.
Ich schreibe nur wegen des möglichen Ersatzes.

Herzlichst Ihr Fr.

Berlin-Grunewald

8. Jan. 32

Liebster und verehrter Herr Freud,

Sie wissen selbst, welche Freude Sie mir und meiner Frau mit
diesem Foto eines alten Juden gemacht haben – Ihre vertrauten
Züge, noch ein wenig asketischer, aber ungemindert im Vor-
wärtsdrang des Blicks und der Haltung, ohne die falsche »Ver-
söhnlichkeit« der Jahre ... ich habe seit dem Erscheinen von
›Junge Frau‹ keine Freude gehabt wie diese. Wenn ich nicht
sofort schrieb, dankte, mich an Sie wandte – innerlich tat ich es
ununterbrochen –, so nur, weil ich wartete, ob ich Ihnen nicht
gleich meinen Besuch ankündigen könnte, persönlich zu danken. Ich soll nämlich wieder einmal einen Vortrag in Wien
halten; das ließe sich mit einer Erholungsfahrt in die Berge gut
verbinden. Aber es ist dabei mancherlei in Harmonie zu bringen, und so habe ich noch nicht Ja gesagt.

Sie wissen gar nicht, wie ich gerade diese Zeit mit Ihnen verbunden bin. Ich habe meine Analyse wieder aufgenommen,
um sie zu Ende zu führen – nicht bei Dr. K., der zu passiv ist
und in Ihrer Welt noch nicht so ganz zu Hause, sondern bei
Dr. S., mit dem mich mancherlei Oberschlesisches verbindet. Es
geht fabelhaft vorwärts, in Widerstand und Auflösung, und hinter den einzelnen Stunden taucht wie ein mächtiges verschleier-
tes Standbild Ihre Gestalt und Ihr Gesicht auf, das jenes alten
Juden, der die Verdrängungen einer Menschheitsepoche nicht
gefürchtet hat. Sie sehen, ich verfalle beinahe in den Aufsatz

›Freud und Nietzsche‹, den ich begonnen und wieder weggelegt habe, um erst zu Ende zu analysieren. Dann aber!

Ihr Arnold Zweig

Grüße an die verehrte Gattin und Anna Freud, der ich, wenn ich komme, etwas Hübsches zeigen werde.

Berlin-Grunewald, Zikadenweg 59
den 28. 1. 32

Lieber Herr Freud,

Leider haben die zionistischen Frauen, die mich in Wien sprechen lassen wollten, ihren Rednervorrat für Februar bereits eingedeckt, und da außerdem Jakob Wassermann ein Thema behandeln will, zu dem ich, wie mir scheint, mehr zu sagen hätte, nämlich die Nöte der Jugend in der Gegenwart, bleibt mir nichts weiter übrig, als den Besuch bei Ihnen zu vertagen. Ich tue es schweren Herzens, denn es wäre mir ein Bedürfnis gewesen, Sie einmal wieder zu sehen und Ihnen meine neuen Erfahrungen zu erzählen, die ich mit dem sehr begabten und tüchtigen Dr. S. mache oder bald gemacht haben werde. Mein guter Dr. K. war eine zu passive Natur und zu wenig an die Handhabung des erstaunlichen geistigen Apparates gewöhnt, den Sie geschaffen haben, um, mit Nietzsche zu reden, »denen zu helfen, die Hilfe vielleicht am nötigsten haben«, den von der Sensibilität her und vom Geiste her Erkrankten, die den Widerspruch zwischen Natur und Kultur aus eigener Kraft nicht lösen konnten. Nun geht das ja wohl über jedes Individuums Kraft, und infolgedessen wird sich die Wirkung der Analyse erst zeigen, wenn sie auf der breiten Basis arbeiten kann, die ihr als Anspruch und Recht zu erobern noch bevorsteht.

Dabei fällt mir ein, daß mein Verleger, der junge Dr. Fritz Landshoff mir erzählte, der Verlag Kiepenheuer verhandle mit Ihnen wegen einer ganz billigen Massenauflage einiger Ihrer grundlegenden Werke. Ich muß sagen: nichts schiene mir besser geeignet, den Angriff auf breiter Front einzuleiten, der eines Tages ja doch die Analyse ins Gesamtbewußtsein der Menschen pflanzen muß. Es ist zwar wahr, das Honorar für das einzelne Buch ist lächerlich wenig, und wenn es uns gelänge, den Anspruch der Buchhändler zurückzudämmen, die ungefähr 7 mal oder vielleicht auch 8 mal so viel am einzelnen Exemplar verdienen wie wir, wäre es für den Schriftsteller und also für die Rolle des Geistigen im Staate besser. Falls Ihnen aber die breite Publizität eines Teiles Ihrer Schriften etwas wert ist, scheint mir der Weg über eine Volksausgabe bei Kiepenheuer nicht schlecht gewählt. Er macht zwar furchtbar wenig Reklame, woraufhin uns, seinen Autoren, von der Presse der Reaktion vorgeworfen wird, wir verdanken unsere Bekanntheit im Auslande nur der Propaganda – aber es wäre doch ein Schritt aus dem Fachkreise hinaus und zur Kenntnis derer, die sich jetzt über die Analyse nur aus sechster oder siebenter Hand unterrichten. Zudem, müssen Sie wissen, halte ich es für einen Skandal, daß man Ihnen den Nobel-Preis noch nicht zugesprochen hat. Nun sind die Skandinavier, wie ich gestern im Gespräch formulierte, im Kopf von unbefleckter Empfängnis und werden um die Fachpublikationen einen Bogen machen. Tritt ihnen aber außer Ihrem imposanten Gesamtwerk noch eine Einzelausgabe mit Massenauflage entgegen, so kann man vielleicht eher die Christenheit evangelischer Nation für Sie mobil machen.

Meinen Besuch bei Ihnen vertage ich also, aber ich hoffe, Sie im Frühjahr oder im Sommer bestimmt an irgendeiner Stelle aufzusuchen, an der Sie sich gerade befinden werden, wohl, hoffentlich, und geneigt, mich Außenseiter, der von der Empfindung her aber gewiß ein Innenseiter ist, bei sich zu sehen. Statt nach Wien, fahre ich nun mit meiner Frau nach Marseille und von dort nach Palästina – ein Besuch, der längst fällig ist und den ich so wenig offiziell als möglich zu gestalten suche. Danach will ich noch einmal zur jüdischen Sache öffentlich auftreten und das Buch ›Caliban‹ neu veröffentlichen, das ich mir als einzigste Arbeit mit auf die Reise nehme.

Für Ihre Tochter und auch für Sie bringe ich dann jene kleine Erquickung mit, die ich das vorige Mal angekündigt habe. Es handelt sich nämlich um Kinderzeichnungen und Malereien meines kleinen Adam, der, siebenjährig, an einer Phobie vor Räubern, Einbrechern, dunklen Räumen und dem Tode litt und dem ich sehr vorsichtig aufs behutsamste zu helfen versuchte. Das Überraschende nun ist, daß diese Bilder vor und nach der Analyse im Charakter völlig verschieden sind, und zwar so, daß das Talent durch die Analyse nicht etwa zerstört, sondern erst recht freigelegt worden ist. Ein Beweis, der alle sehr stutzig machte, denen ich das Material hier vorlegte. Aber davon später mehr. Heute nur noch die herzlichsten Wünsche für Sie und die Ihren. Hoffentlich kommen Sie gut über den Winter weg und geben uns Gelegenheit, in diesem Goethejahr mit Ihnen herzlich beisammen zu sitzen.

Ihr Zweig

Wien IX, Berggasse 19
29. 1. 32

Lieber Herr Zweig

Umgehende Antwort wegen Ihrer bevorstehenden Abreise. Von der ganzen Renaissance ist mir keine Zeile schärfer im Gedächtnis geblieben als die eine des Lorenzo Magnifico: Di doman' non c'e certan, darum kann ich mich nicht voll darüber freuen, daß Sie nach Palästina reisen anstatt nach Wien, obwohl ich selbst auch gern so tauschen möchte. Im Sommer gedenken wir wiederum in dem schönen Mauthner-Haus in Pötzleinsdorf (Wien XVIII) zu leben, wo wir Ihnen beiden einen angenehmen Empfang im Garten, ähnlich wie in Tegel, bereiten können.

Die Zeit ist meiner Produktion sonst nicht günstig, Ihre darf keine Unterbrechung erfahren.

Herzliche Grüße von uns allen für Sie, Ihre heimkehrende Frau und Frl. O.[1] von

Ihrem Freud

Haifa, 16. Febr. 32

Lieber Herr Freud,

aus dem Hause meines Freundes Struck[2], in vollem Frühling, senden wir Ihnen herzliche Grüße und Wünsche. Nachts, am Radio, hören wir gelegentlich Ihre Stadt und gedenken bei den Wetternachrichten Ihrer herzlich und etwas besorgt. Aber Sie werden auch über diesen Spätwinter wegkommen und einen ebenso schönen Frühling kriegen wie wir hier. Dies hofft mit seiner Frau, Ihr ganzes Haus grüßend,

Ihr Arnold Zweig

Eichkamp, 1. Mai 32

Lieber und Verehrter

seit drei Wochen sind wir jetzt daheim, und dies ist die erste stille Stunde Alleinseins. Keine Kinder, keine Frau, weder Schwester noch Sekretärin, nur die vertraute braune Zigarre und das blaßblaue Licht des herben Frühlings vor den Glasscheiben – und sogleich, statt etwas zu lesen, wie ich vorhatte, oder am Aufbau meiner neuen Arbeit zu bosseln, finde ich mich bei Ihnen ein, mich zurückzumelden. Es geht mir merkwürdig mit diesem Denken an Sie, wie Sie in Ihrer großen Wohnung hausen, zwischen den Büchern und den grabentstiegenen Dingen, deren Heimat ich jetzt sah. Ich konnte mich nicht eingewöhnen – abgesehen von den Kindern natürlich –, eine neue dichterische Konzeption war mir in den Ablauf der Kriegsromane gestiegen, (eine alte vielmehr von 22 oder 24, aber plötzlich ganz da) so daß ich mich auch nicht mehr an die

[1] Zweigs Sekretärin, siehe Brief vom 21. 1. 1934, S. 67.
[2] Hermann Struck, 1876–1944, Maler und Radierer.

Arbeit anschließen konnte; zwischen mir und einigen Menschen, auf die ich mich gefreut, stand das Brausen der weiten Welt, das sie nicht geteilt, und der Tumult der entfesselten und verführten Dummheit, dem wir entrückt gewesen. In meinem Atelier umhergehend, hatte ich das Gefühl: »Welcher Irrtum, hierher zurückzustreben! Was, von diesem Europa, das ich liebe, von diesem Deutschland, das ich zum guten Teil bin, ist in diesem Augenblick noch greifbar da, Kraftquelle und Arbeitsanschluß? Warum nicht drüben geblieben, in der heroischen Landschaft Galiläas oder am Meer von Tel Aviv oder am Toten Meer oder im Idyll von Méadie bei Kairo, wo es so tolle Bougainvillia-Bäume gibt, rotlila blühende Schirmdächer von der Größe einer guten Akazie?« Und da sah ich auf dem Schreibtisch Ihr Bild, das meine Sekretärin inzwischen auf einen Metallfuß zwischen Glasplatten gesetzt hatte, und das war solch ein Gruß aus der Mitte der Schöpferzone, der herzlichsten Güte und der großen europäischen Vernunft, daß ich mich seufzend und lachend auf dem Absatz umdrehte und mir sagte: jetzt mußt du erst die eingelaufene Post erledigen und dann die neue Arbeit anfangen und hübsch dableiben und nicht ausreißen. Freud ist auch nicht ausgerissen. Und das habe ich getan. Ich bin natürlich noch keineswegs eindeutig auf *eine* Arbeit festgelegt, vielmehr laufen beide Romane in meinem Kopfe einher, aber hübsch getrennt und nur um den Vorrang streitend: der eine[1], in Palästina spielend, der die tragische Gestalt des großen seltsamen Orthodoxen und Dichters Jacob Israel de Haan formen soll, welcher in Jerusalem lebte, um dort Gott zu verfluchen und der von einem Chaluz ermordet wurde, weil er in seinem Haß gegen das politische Judentum zum Verräter und Angeber wurde. Der andere[2] soll die Welt des ausbrechenden Krieges geben mittels eines jungen Kriegsfreiwilligen, eine stendhalistisch fühlende Natur, ganz sachlich angesehen, andererseits eines preußischen Generalstabsoffi-

---

[1] ›De Vriendt kehrt heim‹. Vgl. Anm. S. 24.
[2] A. Z. ›Erziehung vor Verdun‹. Amsterdam, Querido, 1935.

ziers, der die Marneschlacht verliert und hinterdrein die sinnlose Niedermetzelung dieser ganzen deutschen Jugend ansieht, nicht aufhalten kann und das furchtbare Opfer des Schweigens auf seine Seele nimmt, die darunter zerbricht. Mit Kleinigkeiten gebe ich mich, wie Sie sehen, nicht ab, aber die Wahl wird schwer, und im Hintergrund der Seele warten die beiden Romane, an denen mein Herz hängt und auch hinge, wenn es kein 1914 gegeben hätte: der Salomo-Roman, der die Welt der vorhistorischen Frühzeit schildern soll, und ›Die Hemmung‹, der den modernen Menschen in seiner Totalität geben soll, der Roman der Analyse. Meine Augen haben sich sehr gebessert, mein Horizont hat sich erweitert, ich könnte zwar erholter sein, aber ich fühle mich im Besitz meiner Fähigkeiten – und wenn das Wetter mir hilft, soll ein guter Sommer anfangen und etwas Rechtes zeitigen. Und damit verabschiede ich mich heute von Ihnen und hoffe, auch von Ihnen bald ein paar Zeilen zu hören, und inzwischen ein Bild vorzubereiten, das ich mit den Abbildungen meines Ateliers an Sie absende. Alles Gute Ihnen und den Ihren!

Ihr Arnold Zweig

Eichkamp, 4. Mai 32

Lieber Herr und Freund Freud

eben sehe ich, daß ein dumpfes Gefühl recht hatte, welches mir die Nähe Ihres Geburtstages ankündigte, freilich erst für das Ende des Monats. Nun ist es also der sechste, (an dem mein eigner Bruder Geburtstag hat) und ich bin glücklich, ohne diese Kenntnis und ganz von mir aus geschrieben zu haben. Ist jemand so weit wie Sie, so kann man ihm nicht mehr viel wünschen und nur noch symbolisch etwas schenken. Aber einen guten, sonnigen Frühling und ein beschwerdeloses Jahr, das geht doch; und damit bin ich auch im Auftrag meiner schreibfaulen Frau und die Ihren grüßend

Ihr Arnold Zweig

Lieber Meister Arnold

Woher schreibe ich Ihnen? Von einem Bauernhäuschen auf einem Hügelabhang, 45 Autominuten weit von der Berggasse, das sich meine Tochter und ihre amerikanische Freundin[1] (die das Auto besitzt) als Weekend-Villa erworben und eingerichtet haben. Wir erwarteten, der Heimweg von Palästina würde Sie über Wien führen, und dann hätten Sie es anschauen müssen.

Sie haben mich reich beschenkt, mit Ihrem Bild, das mir freilich nicht viel mehr als die Stirne bietet, mit der Photographie Ihres Autorkäfigs[2], den ich nicht zu sehen bekommen werde, mit der Nachricht, daß Ihre Augen brav geworden sind, und mit einigen Tröpfchen aus dem Kessel, in dem jetzt so viel neue schöne Geschichten brodeln, die ich trotz meiner bald begrenzten Lebensdauer alle noch lesen möchte. Sie hatten recht, es war gerade mein Geburtstag, und ich erwehre mich jetzt mühselig der daraus entstandenen Verpflichtungen. Aber um zu Ihnen zurückzukehren, wie merkwürdig muß dieses tragisch-tolle Land, das Sie besucht haben, Ihnen geworden sein. Denken Sie, kein anderer Fortschritt verknüpft sich mit diesem Streifen unserer Muttererde, keine Entdeckung oder Erfindung – die Phönizier sollen das Glas und das Alphabet (beides zweifelhaft!) gefunden haben, die Insel Kreta hat die minoische Kunst geschaffen, an Pergamon erinnert das Pergament, an Magnesia der Magnet u. s. w. ins Unendliche, aber Palästina hat nichts gebildet als Religionen, heiligen Wahnwitz, vermessene Versuche, die äußere Scheinwelt durch die innere Wunschwelt zu bewältigen, und wir stammen von dort (obwohl sich einer von uns auch einen Deutschen glaubt, der andere nicht), unsere Vorfahren haben dort vielleicht durch ein halbes Jahrtausend, vielleicht ein ganzes, gelebt (aber auch dies nur vielleicht), und es ist nicht zu sagen, was wir vom Leben in diesem Land als Erbschaft in

[1] Mrs. Dorothy Burlingham, Psychoanalytikerin.
[2] Anspielung auf das moderne Studio, das sich Arnold Zweig von dem Berliner Architekten Harry Rosenthal hatte bauen lassen.

Blut und Nerven (wie man fehlerhaft sagt) mitgenommen haben. Oh, das Leben könnte sehr interessant sein, wenn man nur mehr davon wüßte und verstünde. Aber sicher ist man nur seiner augenblicklichen Empfindungen! Darunter also meiner herzlichen Gefühle für Sie und Ihr Werk.

Mit Gruß an Ihre liebe Frau   Ihr Freud

Luitpoldbad
(Oberdorf b. Hindelang, bayr. Allgäu)
29. 5. 32

Lieber und verehrter Mann

Sie haben mir so schnell, so lang und so tiefsehend geschrieben, daß ich eigentlich seither mit der Antwort an Sie beschäftigt bin, freilich ohne aktiv werden zu können. Ich mußte vielmehr eine Masse Kleinzeug erledigen, unlohnend und doch zeitraubend: eine Radio-Rede nach Amerika, was technisch immerhin amüsant war, des Themas: »Has Europe fought its last war«, die englisch zu formulieren und der Zeit (17–18 Minuten) anzupassen langwierig war, eine Radiorede in Berlin für den Pen-Club, eine persönliche Rede im Pen-Club und gleich danach alles, was für ein Verschwinden von 3–4 Wochen vorzubereiten war. Unter allem aber die Entscheidung für die Arbeit des Sommers, die nicht einem langen Roman, sondern einem kleineren, ganz anderen gelten sollte, so daß, was ich Ihnen schrieb, für später bleiben mußte. Und nun bin ich hier, etwa 9 Tage, von denen nur 1½ schön waren, tief in der Arbeit und ebenso tief in Depressionen, die mit dem Regen zusammenhängen, mit bayrischen Reminiszenzen, mit dem Grau des Himmels, mit der schrecklichen politischen Lage in Berlin, mit körperlicher Erschöpfung durch die große Reise, vor allem aber mit dem Thema meiner Arbeit selbst: einem kleineren Roman, der die Ermordung des holländisch-jüdischen Schriftstellers J. J. de Haan in Jerusalem behandelt (1924) und im Anschluß daran den Araberaufstand des Jahres 29. Das Thema ist alt für mich. Die Gestalt dieses Orthodoxen, der in geheimen Gedichten »Gott in Jerusalem verfluchte« und der ein Liebesverhältnis mit einem arabischen Knaben hatte – diese bedeutende und komplizierte Gestalt hatte mich gepackt, schon als sie noch blutige Aktualität war. Die Reise machte den alten Plan lebendig, ich skizzierte, einen Monat im Lande, einen ganz brauchbaren, ja faszinierenden Entwurf. Um allerdings einige 10 Tage später feststellen zu müssen, daß er im Entscheidenden ein Loch hatte: de Haan war gar nicht von Arabern ermordet worden, wie ich 7 Jahre geglaubt, sondern von einem Juden, einem politischen Gegner, einem radikalen Zionisten, den viele Leute im Lande kennen und der noch dort lebt. Ich weiß heute, wie furchtbar mich das traf; erst merkte ich es nicht. Ich legte den Grundriß meiner Arbeit neu an; das neue Faktum war weit besser als das alte, es zwang mich, den Dingen ohne projüdisches Vorurteil auf die Haut zu sehen, den politischen Mord des Juden am Juden genau so zu beleuchten, als wäre es ein politischer Mord in Deutschland, den Weg der Desillusion weiter zu gehen, so weit als nötig, als möglich – weiter als gut.

Sie sehen, ich beantworte Ihren Brief schon; aber erst will ich meinen Faden weiterspinnen. Das homosexuelle Triebleben in diesem Buch, das ich mit besonderer Unlust und besonders gutsitzender Konzentration diktiere, forderte gleich zu Selbsterkenntnissen auf. Ich war beides, der arabische (semitische) Knabe und der gottlos-orthodoxe Liebhaber und Schriftsteller. Ich fürchte, die Aufhebung dieser Verdrängungen ist der Hauptgrund für meine Depression. Das geht ein bißchen weit, nicht wahr? Muß man denn immer gleich mit den paar Freuden des Lebens zahlen, wenn man die eignen Tabus antastet, obwohl man doch analytisch schon klar genug gesehen hatte? Das Wissen nutzt eben nichts. Der entfesselte Trieb will sein Leben im Gefühl ausleben, in der Fantasie, im geistigen Fleisch und Blut, und ein Autor, ein lächerlicher Mensch, brauchte eigentlich gar keines »Autorkäfigs«, wie Sie schlagend sagten; er trägt ihn immer bei sich.

Jetzt stecken wir wieder mitten in Wolken. Sie haben wohl auch Wien wieder aufgesucht; ich weiß nicht, ob ich diese Woche hier noch durchhalte. Der Arbeit wegen möchte ich es wohl. Das Buch soll im Herbst erscheinen, Ihnen aber schon vorher zugehn, als Tippscript, wenn ich daran nicht zuviel ändere. Es geht mir eigentlich schon erheblich besser, seit ich Ihnen das alles geschrieben habe; Sie lesen ja doch zwischen den Zeilen und sogar noch innerhalb des Papierblattes . . .

Sie haben zwei schwierige Punkte berührt, über die ich viel nachgedacht habe. Mein Verhältnis zu Deutschland und zu meinem Deutschtum, und mein Verhältnis zu den Juden, dem Judentum in mir und in der Welt, und zu Palästina. Dies Land der Religionen kann doch, gerade von Ihnen, auch unter anderen Aspekten angesehen werden als denen von Wahn und Wunsch. Ich fand immer, Religion sei in der Ökonomie der Menschheit der Versuch, das ungeheure Triebreservoir des Menschen zu rationaler Arbeit anzuleiten – verfrüht und doch auch nicht, da man damit ja nicht früh genug beginnen konnte. Die sinnvolle Zusammenbindung der Triebe schien mir und scheint mir an Religion das Schöpferische zu sein, die große Verformung des Menschen für ein gestaltendes Leben; und die geistigen Systeme, die hier Sinn und Ziele formulierten, schienen mir weniger wichtig (weil verwelkend) als der großartige Antrieb, mit dem Menschen auf sittliche Art fertig zu werden. Haben wir nicht diesen Impuls in unserer Erbmasse mitbekommen? Haben wir ihn nicht in viel mehr Individuen herausgestellt als andere heutige Menschensorten? Ist der furchtbare Kampf, mit dem Sie etwa 40 Jahre lang (oder mehr?) gegen die Irrtümer, Tabus und Verdrängungen der Mitlebenden angingen, nicht mit dem der Propheten gegen das widerstrebende Volk zu vergleichen? Ihre strahlend klare Vernunft von heute setzt Natur des Menschen und Ziel der Formung in ein unvergleichlich sachgemäßeres Bild um als die Damaligen, die immer nur »Gott« stammeln konnten; sonst aber sehe ich viel Verwandtes. Und unser Deutschtum haben wir bestimmt *gemein* – nur ist es ein vergangenes Deutschtum, wie mir scheint. Meine Aufgrabung des Krieges mache ich als Deutscher ebensosehr wie als Jude: als Deutscher, der nicht dulden kann, daß dieses Volk von seiner großen, schrecklichen Leistung und Leidenszeit ein falsches, kitschig eitles Bild herumträgt, als Jude, der sich gegen die Anwürfe wehrt, die der antisemitische deutsche Differenzaffekt gegen den Juden im Zusammenhang mit dem Kriege schleudert. Und die höhere Einheit von beidem: das arme, gefährdete Europa, zuletzt die runde Erde, auf der wir als gute Bürger ins All segeln. Hoffentlich haben Sie eine gute Fahrt in diesen Tagen, ich bin mit großer Herzlichkeit bei diesem Wunsche! Denn Sie sehn die Tatsache Mensch wie sie ist, *ich* lerne es erst, und so muß ich ein gut Teil Kümmernis schon mit in Kauf nehmen. Ihnen aber alles Gute! Hoffentlich scheint in Wien die Sonne. Das wünscht sehr Ihr

Arnold Zweig

Wien ix, Berggasse 19
18. 8. 1932

Lieber Meister Arnold
(Ich glaube der Name soll Ihnen bleiben)
Ich war sehr unschlüssig wohin ich Ihnen schreiben soll, denn ich finde mich in Ihren Berliner Adressen: Eichkamp oder Grunewald nicht zurecht, aber schließlich haben Sie doch meine verirrte Karte[1] unter der Adresse, die ich heute benutze, bekommen. Ich wollte Ihnen also sagen, zunächst daß ich mich freue, daß das Gerücht übertrieben hat. (Aber vielleicht war es nur voreilig?) Ich hatte nämlich gehört, daß unmittelbar nach Einstein's Abreise nach Leiden auch Sie, durch Drohbriefe veranlaßt, Berlin verlassen haben. Es ist also noch nicht so arg. Der Drang zur Vervollkommnung, der sich in der Konstruktion von Skyscrapers äußert, liebt es auch, jede Andeutung zum extre-

---

[1] Karte nicht veröffentlicht.

men Ereignis umzuwandeln. Dann wollte ich Ihnen sagen: Schicken Sie und kommen Sie selbst soviel und wann Sie wollen. Ich arbeite zwar an den neuen Vorlesungen, aber das kann ich nur wenige Stunden im Tag, und Analysen werde ich in den nächsten Wochen höchstens 1–2 haben. Bis 15. September bleiben wir hier, wo es sehr schön ist (XVIII Khevenhüllerstr. 6) und Sie im Garten korrigieren und fantasieren können und Ihre liebe Frau an einer anderen Stelle desselben Parks mit meinen Weiblichkeiten Sympathien tauschen mag. Dann freilich – oder etwas später – kommt die Stadtwohnung mit ihren Beschränkungen. – Also vielleicht arbeiten die Nazis mir einmal in die Hände. Wenn Sie mir von Ihren Grübeleien erzählen, kann ich Sie von dem Wahn befreien, daß man ein Deutscher sein muß. Sollte man dies gottverlassene Volk nicht sich selbst überlassen?

Ich schließe, damit Sie dieser Brief eher erreicht, und grüße Sie beide herzlich

Ihr Freud

Eichkamp, 16. Nov. 32

Lieber Vater Freud

der Berg ist überschritten – will sagen, das Buch ist da. Dienstag soll es erscheinen – und da Dienstag als Glückstag der Juden gilt, weil aus Versehen der Schöpfungsbericht zweimal sagt: »er sah, daß es gut war«, will ich es als gutes Omen werten. Das Buch wird bei Juden und Nichtjuden Anstoß erregen, es verurteilt nämlich den Nationalismus und den politischen Mord auch bei den Juden, und da ich lächerlich empfindlich gegen öffentliche Kritik bin, obwohl ich mir nichts daraus mache, habe ich schon jetzt ein unbehagliches Gefühl – einem Schwächezustand nach der Arbeit entspringend.

29. Nov. Dieser Brief wurde unterbrochen von der Nachricht, das Buch werde nicht am Dienstag erscheinen und enthalte eine Anzahl Druckfehler, die noch ausgemerzt werden müß-

ten – und damit begann eine Periode des Ärgers, zu kleinlich, um Sie damit zu belasten, aber widerwärtig genug... Nun ist es aber wirklich draußen, Sie haben es in Ihren Händen und fühlen, wie tief es Ihnen verpflichtet ist... Mir selbst geht es jetzt wunderbar. Der Ekel über den Widerspruch im heutigen Menschen steht mir manchmal bis zum Hals und macht mir Kopfweh. Technisch hochbegabt wie eine Insektenart, ethisch unentwickelt wie Hamster oder Maulwürfe, im Überfluß jeder Art erstickend, ohne aus sozialen Gefühlen den Ausweg aus der närrischen Verstrickung öffnen zu können, macht uns unsere Mitwelt zu Opfern der allgemeinen Halsstarrigkeit und unserer eignen Ohnmacht und steckt uns in jene Kassandrarolle, die wir so ungern spielen, weil wir ihre Vergeblichkeit vorauswissen. Im Grunde rächt sich heute, daß die religiösen Kräfte des Menschen ins Metaphysische abgebogen worden sind, um fetischistischen Ängsten zu dienen und Priesterkasten zu ernähren. Die religiösen Kräfte waren, glaube ich, dazu angelegt und fähig, Gruppenaffekte zu erziehen und umzuzüchten und das Gemeinschaftsleben zu zivilisieren. Die Angst vor dem Tode und vor den Geistern hat die Religionen geschaffen wie sie sind, das »Heil der Seele« hat das Heil der lebendigen Menschen aufgefressen und den Staat der bewaffneten Macht ausgeliefert, so daß wie zu Zeiten Sauls zwischen Priesterweihe und Kriegerkaste die Betreuung der Staaten und Menschenherden aufgeteilt werden konnte und unsre technisch furchtbar gewappnete Zeit den recht unbeleckten Menschen in Stand setzt, furchtbarer zu hausen als unsre primitiven Vorgänger, aber mit den gleichen Grundaffekten. Sie spüren vielleicht, daß unbewußt in mir bereits die Aufgabe arbeitet, die jetzt vor mir steht, nämlich Caliban in Neuauflage herauszubringen, will sagen, ganz umzuschreiben – allgemeinverständlich, sogar für Politiker und heutige Jugend verständlich, und wenn möglich ins Englische übersetzbar.

Meine eignen Kümmernisse haben sich zu einem guten Teil schon wieder verflüchtigt – teils aufgelöst, teils auf depressive

Kurven meines normalen Zustands zurückgeführt. Wenn man seine Aggression an der Stelle, an die sie gehört, nicht austoben kann, nämlich im politischen Leben gegen die Reaktionäre, sucht sie sich halt Auswege, wo sie welche findet, und stört einem das Privatleben; und wenn der Ausweg durch die Phantasie einmal berufsmäßig gebannt ist, strömt diese Aggressivität auch durch die Phantasie weg und nimmt gleichzeitig Kräfte mit, die sich im realen Leben austoben sollten und dort Ordnung schaffen, Verknüpfungen, Hemmungen lösen, Entscheidungen fällen und Widerstände beseitigen. So sehe ich es jetzt und vertage alles andere.

Ich habe nämlich in diesen Wochen eine Kur für mein rechtes Auge begonnen, die mich an Berlin bindet. Ein Dr. E., der einen guten Eindruck macht und von der Universität Leningrad sehr anerkannt wird, versucht, durch Diathermie des Auges und elektrolytische Verteilung von Medikamenten im Auge, die Adernhautgefäße zur Resorption dessen zu bewegen, was sie seinerzeit so freigebig absonderten. Da er meint, schon in den nächsten Wochen Erfolge zu verzeichnen, und da jede neue Idee mich fasziniert, versuche ich diese Sache. Das linke Auge hat ja sieben Jahre gebraucht, bis es wieder mitzuspielen geruhte.

Lassen Sie es sich so gut gehen, wie es heute möglich ist, und denken Sie manchmal freundlich an Ihren Wahlsohn. Ein paar Bildchen als Grüße!

Arnold Zweig

Wien IX, Berggasse 19
27. XI. 32

Lieber Meister Arnold

Ich habe nicht lange gezögert, Ihr neues Werk durchzulesen, stehe noch ganz unter seinem Eindruck und bin darum kaum gut, um Ihnen viel darüber zu sagen. Eindruck macht es gewiß, man ist so erlebenssatt, nachdem man durch ist – der

Stoff, sein Reichtum, die Schärfe der Zeichnung, die Unpartei-
lichkeit der Schilderung, das nimmt Besitz von einem. Es ist
etwas so ganz von Ihrer sonstigen Art Verschiedenes. Man gibt
sich dann Rechenschaft davon, daß das Weib darin kaum eine
Rolle spielt, daß es ein Buch vom Streit und Ringen der Männer ist und berechtigterweise die Liebe zu einem Knaben, die
einzige, die darin vorkommt. Meisterhaft – das verstehen Sie
überhaupt – die Hintergründe, diesmal die historischen. Die
Person, in die Sie das eigene Ich gesteckt haben, ist wiederum
der Anhalt für den Leser, wird nach wenigen Zügen sein Her-
zensfreund, Dolmetsch und Führer. Ich bezweifle zwar, daß es
viele Engländer im S.S.[1] gibt, die Arnold Zweig so ähnlich
sind.

Merkwürdigerweise wird mein Interesse diesmal am stärksten
von dem angezogen, was ich bei einem Traum »Tagesreste«
heißen würde. Sie können Ihren de Vriendt und andere Figuren und Begebenheiten doch nicht ganz in allen Stücken erfunden haben. Die Vierzeiler haben Sie ihm natürlich unter-
geschoben. Ist es besondere Kunst, wenn sich manche von ihnen
wie Übersetzungen aus dem Holländischen lesen?

Der Zufall fügt es, daß ich Ihnen heute auch einmal etwas von
uns schicken kann. An der Herausgabe des Buches, das Ihnen
hiermit zugeht, habe ich einen Anteil gehabt. Es sind Briefe
des Onkels meiner Frau, der ein berühmter Altphilologe und,
wie es scheint, eine hervorragende Persönlichkeit war[2]. Seine
Stellung zum Judentum und Christenglauben ist wohl der
Beachtung wert. Das zärtliche Verhältnis zu Paul Heyse ebenso. Ich bitte Sie, das Büchlein zu lesen. Einige Tage später werden Sie mein letztes Werk, vielleicht wirklich das letzte, erhalten, eine Ergänzung zu den Vorlesungen[3] zur Einführung. Ich

[1] S. S.: Secret Service.
[2] Jacob Bernays, ›Ein Lebensbild in Briefen‹. Herausgegeben von
Michael Fraenkel. Breslau, Marcus, 1932.
[3] S. F. ›Neue Folge der Vorlesungen zur Einführung in die Psychoanalyse‹. (1932) G. W. XV.

bin seit einer Grippe mit Otitis im Befinden recht herunterge-
kommen.

Und nun schicke ich Ihnen in Ihre Arbeitseinsamkeit meine
herzlichen Grüße

Ihr Freud

Berlin-Grunewald, Zikadenweg 59
30. November 32

Lieber Vater Freud

der Schnelligkeit halber benutze ich diesmal die Maschine, die
mir zwischen uns herzlos vorkommt, die ich aber diesmal nicht
umgehen kann. Ihre Grippe macht mich besorgter, als ich
sagen kann. Wäre es Ihnen nicht möglich, wenn das Wetter bei
Ihnen ebenso günstig ist, wie wir es hier haben – ziemlich kalt,
sehr klar, sehr trocken, viele Stunden Sonne –, zur Rekonvales-
zenz auf zwei Wochen einen der schönen Berge aufzusuchen,
die Sie doch ganz nahe haben und die ich gar nicht kenne? Es
sollte keiner Ohrenentzündung erlaubt sein, Ihr Hören und
den Zugang der Welt zu Ihnen zu unterminieren – überhaupt
sollten Sie nicht anders von einem letzten Werk reden dürfen
als unsereiner, wenn er sein jüngstes meint. Hoffentlich höre
ich bald von Ihnen, daß Sie sich wieder so kräftig fühlen, wie
Ihre Schrift im jüngsten Briefe aussagt.

Der Inhalt dieses Briefes beglückt mich – das wissen Sie. Ich
vertrage Kritik, ich habe selbst welche, aber die Nähe eines
eben vollendeten Buches erlaubt nicht, seine Proportionen richtig einzuschätzen (vor einem getippten Werk bin ich nahezu
urteilslos, ich fühle nur die Freude am Eigenen und die Notwendigkeit des Gestalteten, wage aber nie zu taxieren, wie weit
das Gewollte wirklich Gestalt geworden ist), und so kommt mir
Ihr liebes Mitgehen als das erste Zeichen, daß es mir gelungen
ist, den anspruchsvollsten meiner Leser, den unbestechlichen
Freund zum Mitschwingen zu bringen. Der »Tagesrest« ist
schnell erzählt, besonders, wenn Sie den Aufsatz heranziehen,

den ich in der Jüdischen Rundschau vor ein paar Tagen veröffentlichte. Mein de Vriendt hat viele Charakterzüge des holländischen Dichters und Publizisten Jakob Israel de Haan, der 1924 in Jerusalem von unbekannter Hand ermordet wurde. Sein letztes Werk hieß ›Kwatrijnen‹, fünf dieser Vierzeiler in journalistischer Prosaübersetzung kannte ich seit jenen Tagen, in denen mich sein Schicksal zum Aufhorchen brachte. Jüdischorthodoxer Gottesflucher, Liebhaber arabischer Knaben, glänzender Schriftsteller, Jurist und Politiker der Agudath Jisrael[1], hatte er enge Fühlung mit den arabischen Fürsten, vertrat eine alte Toleranzpolitik, fiel den Zionisten bei jeder Gelegenheit in den Rücken und wurde ermordet, nachdem er vor Lord Northcliffe[2] und den Arabern versucht hatte, die Zionisten zugunsten der Agudath zurückzudrängen. Der Täter blieb unbekannt; die zionistische Presse, zu der ich damals gehörte, hielt hartnäckig die Meinung aufrecht, er sei im Zusammenhang mit seinen Liebeshändeln von arabischer Seite umgebracht worden. Dies hatte mir den Stoff zu einer Novelle gegeben, die ich schreiben wollte und dann wieder vergaß. In Palästina, dieses Frühjahr, wurde sie mir ungeheuer lebendig, und ich entwarf sie auf einer Terrasse in Jerusalem am 5. März. Am 6. März war sie bereits eingestürzt: auf meine erste Frage nach dem Mörder de Haans antwortete man mir, ihn habe kein Araber ermordet, sondern ein Jude, und man kenne den Täter. Aber am 7. März hatte sich bereits erwiesen, daß erst durch diesen Einsturz meine Absicht ihre wirkliche Dimension bekommen hatte. Von da an dichtete ich ihn; ich diktierte ihn in einem Monat ins Stenogramm, ließ ihn nach der Maschinenübertragung einen weiteren Monat liegen, und dann, immer dank der aufopfernden Mitarbeit des Mädchens, dem ich ihn gewidmet habe (»Soll ich das wirklich schreiben?« fragt sie eben), bekam er die Gestalt, die er hat und behält.

Heute nichts weiter. Daß unsere Briefe sich gleichsam kreuz-

[1] Agudath Jisrael: Vereinigung der orthodoxen Juden.
[2] Lord Northcliffe, 1865–1922, Journalist und Zeitungsverleger.

ten, daß wir zur gleichen Zeit aneinander dachten und schrieben, ist schön; und das Buch von Jacob Bernays werde ich bestimmt lesen. Ich weiß auch, wer Jacob Bernays war, ich kenne auch Hermann Uhde Bernays[1] aus Starnberg, und daß es Ihnen gewidmet ist und aus Ihrer Verwandtschaft kommt, macht mich noch besonders empfänglich dafür.

Und nun, lieber Vater Freud, erholen Sie sich! Das ist die Hauptsorge Ihres getreuen Wahlsohnes

Arnold Zweig

Eichkamp, 11. 12. 32

Lieber Vater Freud

mit leiser Erschütterung hab ich die einleitenden Worte zum 3. Teil der ›Vorlesungen‹ angehört. Es war, als sprächen Sie durch den Mund meiner Sekretärin zu mir und durch mich zu Ihrer gesamten Mitwelt. Daß Sie ein Publikum fingieren müssen – Sie, den zum Mitlebenden zu haben dieser ganzen Epoche einmal das Siegel geben wird! Ich weiß, und Sie wissen es auch, daß ich nicht übertreibe. Wie beneidet der Gebildete heute die Zeitgenossen des Sokrates und die des Platon; und doch verzeichnet Platon in der Gestalt des Sokrates nur die Wandlung des Bewußtseins, die sich lange vorher schon vollzogen hatte, die endgültige Ablösung des Menschen vom assoziativen Denken, die endgültige Einsetzung des kausal-logischen Denkens. Sie aber haben die Eroberung des analytischen Denkens ganz allein besorgt; Sie haben den Eroberer des gesamten Gebiets mit dem Durchforscher und dem Kartographen vereinigt; Sie haben der Menschheit das Reich des Assoziativen wiedergegeben, indem Sie es dem Kausal-Logischen angliederten, ohne ihm sein Eigenleben zu nehmen, und indem Sie es zum Heilfaktor der erkrankten Seele umschufen. Das ist mehr als die Tat des Platon und seines Sokrates, und es muß auch so sein;

[1] Hermann Uhde-Bernays, 1875–1965, Maler und Kunstschriftsteller.

denn in Ihnen verschmolz der Logos des Abendlandes mit dem uralten Wissensstrom des Morgenlandes zu jener Einheit, die die Analyse schuf und die eine langsame Enteisung der Menschheit vornehmen kann. So ist es nun einmal, Sie müssen es anhören und ich kann es nicht ändern.

Die Kur meiner Augen verläuft befriedigend; die Sehfähigkeit des rechten ist um mehrere Punkte gebessert, die des linken wird wohl auch gefördert werden. Nur kann die Augendiathermie und die Iontophorese von Medikamenten auch nicht zaubern, und Geduld bleibt meine Hauptwaffe im Kampfe mit dem Gebrechen. Natürlich hatte der Zaubergläubige in mir dem Enthusiasmus des Arztes im Tiefen vertraut und geglaubt, der Tropfen im rechten Auge werde mir nichts, dir nichts, versiegen. Das tut er aber nicht, und ich verbeiße die Enttäuschung... Mittwoch, 14. Das Jacob Bernays-Buch hab ich mir begonnen vorlesen zu lassen. Wir sind aber noch in der Einleitung, die mir vieles Neue und die Gestalt des Lehrers Nietzsches, Ritschl, auf neue Weise gibt. Bernays selber ist sehr deutlich, ich verstehe viel, weil ich einen seiner Enkel oder sonstigen Nachkommen in Husserls Seminar getroffen habe und mir vom Körpertyp eine Vorstellung machen kann. Ich nehme das Buch mit in die Berge, es zu lesen, wenn die Kinder und meine Gehilfin Lily Ski laufen. Meine liebe kleine Frau ist in Paris, um malen zu lernen, besser, um den Maler in sich zu befreien; sie schreibt sehr glücklich. Geht es Ihnen wieder gut? Vor der Caliban-Neuarbeit lese ich, und freue mich darauf, ›Massenpsych. u. Ich-Analyse‹[1]. Wie gern bin ich Ihr getreuer Schüler

A. Zweig

Vor der Parallele mit Paul Heyse hab ich eine kleine Angst.

---

[1] S. F. ›Massenpsychologie und Ich-Analyse‹. (1921) G. W. XIII, S. 71 ff.

Lieber Vater Freud

es drängt mich, Ihnen Glück zum Jahreswechsel zu wünschen und zu schreiben. Mit jedem neuen Aufsatz, den ich kennenlerne, helfen Sie mir vorwärts und aufwärts aus den Wirren, die als Reste, wieder aktualisiert, mich bedrängen und verdunkeln, die mir die Freude an Leben, Arbeit und Erfolg nahmen, meine Haltung zu Frau und Kindern verzerrten und mich schlaflos machten, weil ich doch wußte, man könne an das Ungelöste in mir heran, mit Ihren Mitteln und Ihrem genialen Schritt für Schritt, ohne daß ich Zugang und die richtigen Zauberformel wußte. Nach dem Lesen der ›Metapsychologie des Traumes‹[1] und von ›Trauer und Melancholie‹[2] wurde es hell in mir, ich träumte einen ausgezeichneten Traum und fühle mich auf bestem Wege. Dabei hatte ich das Buch doch nur wegen ›Massenpsychologie und Ich-Analyse‹ mit hierhergenommen, der Neubearbeitung des Caliban wegen. Und zugleich haben Sie mir eine wissenschaftliche Hilfe gegeben, die mir bei der Beschreibung der Amentia[3] ein Blitzlicht ansteckte: mein Held im nächsten Roman, dessen seelische Wandlungen seit einem Jahr festgelegt sind, macht einen Zustand durch, den ich völlig gestaltet in mir habe und den Sie mir helfen, wissenschaftlich zu verstehen. Also: Dank für alles, und gute helle Januartage, wie wir hier Dezembertage haben! Ich komme im Februar nach Wien, ich lege jetzt und von hier aus Daten fest und schreibe Ihnen bald. Bis dahin: ein gutes 1933!

Ihr Zweig

---

[1] S. F. ›Metapsychologische Ergänzungen zur Traumlehre‹. (1916) G. W. X, S. 411 ff.
[2] S. F. ›Trauer und Melancholie‹. (1916) G. W. X, S. 427 ff.
[3] Amentia: extreme Art der Psychose, verbunden mit Sinnestäuschungen, Wahnideen und Orientierungsverlust.

Lieber Meister Arnold

Freude von Ihnen zu hören. Wahrscheinlich können Sie nicht bestimmen, wann Sie Frau und Kindern ins heilige Land nachgehen werden.

Ich bin wieder arbeitsfähig, kann aber noch keine Treppen steigen, habe also Hausarrest. Ich meine, diesmal habe ich mir ein Anrecht auf einen plötzlichen Herztod erworben, keine üble Chance. Es war eine Herzthrombose; allerdings lebe ich noch, da ich nicht rauche, werde ich kaum je etwas schreiben – außer Briefe. Es erinnert an jenen Chasen[1]: Leben wird er, singen wird er nicht. Ich habe keine Freunde in Paris, nur Schüler. Meine liebste und interessanteste Princesse Georges de Grece (Marie Bonaparte) ist gegenwärtig in Dänemark. Von den anderen nenne ich Ihnen Dr. Laforgue, Dr. R. Löwenstein (einst Berlin). Aber ich habe einen Sohn in Paris, Oliver,[2] mit Frau und Tochter wohnhaft: 16me, 36 Rue George Sand. Er ist Tiefbauingenieur, ein hochbegabter Alleswisser, musterhafter Arbeiter, Frau brav, Töchterchen reizend. Ich besorge, er wird in Paris nichts erreichen. Würde mich sehr freuen, wenn Sie ihn träfen. Schreibe ihm auch Ihre Adresse. Ich denke gern an Sie beide gleichzeitig.

Herzlich   Ihr Freud

A Bord du Mariette Pascha
le 15 Dec. 1933

Lieber Vater Freud,

meine letzten Zeilen in Europa gelten Ihnen. Ich habe eine ungewöhnliche Anspannung hinter mir, und mein Mscrpt. doch noch nicht ganz druckfertig hinterlassen müssen. Aber Dita bat mich zu kommen, als es ihr schlecht ging, und jetzt, wo es ihr wieder besser geht, kann ich nicht mehr zurück.

[1] Chasen: Vorsänger in der Synagoge.
[2] Oliver Freud, geb. 1891, Freuds zweiter Sohn.

Ich habe Oliver zweimal lange gesprochen. Von Tel Aviv aus schreibe ich mehr. Meine Adresse dort ist: Beth Svorai. Ab 1. Jan. in Haifa: Mount Carmel, Pension Wollstein. Auf glückliches Wiedersehen im anbrechenden Jahre!

Ihr treuer   Arnold Zweig

Haifa, Mount Carmel, Wollstein-House,
Palestine, 21. 1. 34

Lieber Vater Freud,
mitten in Haifa, die letzte französische Zigarre rauchend, komme ich endlich dazu, an Sie zu schreiben. Wie viele Vormittage inzwischen vergangen sind, an denen ich mit der Hand und dem Füllhalter meinen Drang, mich mit Ihnen wieder in Verbindung zu setzen, befriedigen wollte, kann ich Ihnen gar nicht sagen. Aber immer kam etwas von den Unbequemlichkeiten des Alltags dazwischen. Bald funktionierte die Zentralheizung nicht, bald stank der Petroleumofen, bald lief der Regen zur Tür hinein, und man mußte sie abdichten, bald, wenn der Wind gewechselt hatte, zum Fenster, und es erforderte viel Geduld, Zeit, List und Zeitungspapier, bis ein Streichholz nicht nur ausgepustet wurde, wenn man es an das geschlossene Fenster hielt. Der Carmel ist eine im Augenblick großartige und öde Landschaft, gleichsam schottisch, zwischen der Bucht und dem offenen Meer gelegen, voll von Kiefern, Steinen und Regenlachen, über der ein grauer, windiger Himmel manchmal von der Sonne zerrissen wird. Wir wohnen nicht etwa in einer Baracke, wie Sie vielleicht denken, sondern im modernsten Hotel oben, Zentralheizung bedeutet Adlerorden erster Klasse, schwarz, mit Eichenlaub und Schwertern. Aber der Ingenieur, der die Zentralheizung aufstellte, hatte nicht mit dem Baumeister gerechnet, welcher den Schornstein dazu vergaß, und dann, nachträglich angebracht, wurde er wieder zu eng, und man mußte ihn jetzt, mitten im Regen, erweitern und durch einen neuen ersetzen. Und auch da noch erlaubt der Wind, der

das Hotel umwinselt und umheult, der Heizung selten gut zu funktionieren. Sie werden finden, lieber Vater Freud, daß ich zu viel Zeilen über die Zentralheizung ergieße. Aber diese Fragen des praktischen Lebens, das nur knirschende Funktionieren des Zivilisationsapparates, ist das Hauptproblem in diesem Lande. Wir sind nicht bereit, unseren Standard aufzugeben, und das Land ist noch nicht bereit, ihn zu befriedigen. Und da nun die Juden Palästinas mit Recht stolz sind auf das, was schon ist, und wir mit Recht verärgert von allem, was noch fehlt, gibt es viele stille Reibung und besonders bei den Frauen viel Kummer über den maßlosen Verbrauch an guter Kraft, den die Bagatellen sich leisten. Ich bin noch zu keinem Strich Arbeit gekommen, von Korrekturen abgesehen, die ich für ›Bilanz der deutschen Judenheit‹[1] gelesen habe. Dita und ich wohnen in einem Zimmer, ein anderes, unheizbares hat man Dita als Atelier zur Verfügung gestellt, in dem auch Lily und ich manchmal Briefe schreiben. An Lily Offenstadt erinnern Sie sich wohl; sie hat inzwischen einen jüngeren Freund von mir geheiratet und heißt jetzt Lily Leuchter-O. und ist mit ihrem Mann hierher gekommen, um mit mir weiterzuarbeiten. Ihrem Mann, einer der ersten Elektroingenieure der BEWAG wurde am 1. April, trotz zwei Jahre Infanteriefront und nachherigem Reichswehrdienst, der Stuhl vor die Tür gesetzt, und er war zu nobel, um sich mit der Nazibande herumzuschlagen. Jetzt wird er sich hier unter günstigen Auspizien eine neue Tätigkeit schaffen.

Sie erraten wohl schon, daß ich, während ich diese letzten Sätze diktierte, deutlich an Ihren Oliver dachte. Ich schrieb Ihnen von Bandol aus, vielleicht auch vom Schiff, meinen letzten europäischen Brief. Ich denke hier, seit ich gelandet bin, alle paar Tage stark an diesen Ihren Sohn, der auch zu fair empfindet, um die Anpassung ans Leben von sich aus vollziehen zu können. Es war fast erschütternd zu bemerken, wie

[1] A. Z. ›Bilanz der deutschen Judenheit 1933. Ein Versuch‹. Amsterdam, Querido, 1934.

auch er am lebendigsten und wärmsten wurde, wenn er von seinen Kriegsjahren sprach. Genau dasselbe bei allen Männern seiner Generation und in seiner Lage, die jetzt, wo im Grunde genommen die Bahnen des Denkens und Empfindens der Lebensgewohnheiten und der Lebensziele schon fest eingeschliffen sind, noch einmal von neuem anfangen sollen. Niemand kann ihnen verdenken, daß sie mit dem Erwerbsleben von heute nichts zu tun haben wollen und daß sie es vorziehen, in die Erinnerung und in jene Zeit zu flüchten, in der der Mensch als Ganzes oder noch besser der Mann als Junge nur seine Person einzusetzen brauchte, um mit den Ansprüchen fertig zu werden, die die Gesellschaft an ihn stellte. – An Sie denke ich voller Begierde, zu hören, wie Sie diesen Winter unseres Mißvergnügens überwinden. Ich habe in meinem Buch ›Bilanz‹ beinahe an zu vielen Stellen von Ihnen geschrieben, abgesehen von einer Abhandlung, von, ich glaube, acht oder zehn Seiten, in der ich in der Mitte und Höhe des Buches die Wichtigkeit der Analyse und die Bedeutung Ihrer Person zu skizzieren hatte. Sobald ich die Fahnen dieses Teils erhalten habe, schicke ich sie Ihnen. Man wird vielleicht fühlen, daß sie ein winziger Extrakt aus der Bewunderung, Dankbarkeit und Liebe sind, die ich und nicht nur ich für Sie hege. – Mir selbst, um auch davon noch schnell etwas zu erzählen, geht es im Grunde genommen ungewöhnlich gut. Alle meine Depressionen sind verschwunden, die mich die letzten Jahre hindurch oft so entsetzlich quälten. Das Vaterland, der Vater Staat, die Wirtschaftslast, die Sorge um die Erhaltung des Besitzes – all das ist von mir abgefallen und mit ihm viele Verkrampfungen und forcierte Ideengebilde. Ich mache mir nichts mehr aus dem »Lande der Väter«. Ich habe keinerlei zionistische Illusionen mehr. Ich betrachte die Notwendigkeit, hier unter Juden zu leben, ohne Enthusiasmus, ohne Verschönerungen und selbst ohne Spott. Ich bin dankbar für die List der Idee, die uns als junge Menschen mit diesem merkwürdigen Gebilde hier verband und uns zwang, im Interesse unserer Kinder und jungen

Freunde hierherzugehen. Aber Dita und ich sind ebensosehr Emigranten oder ebensowenig wie in Südfrankreich. Die Verwandtschaft beider Landstriche, an Lockerheit der Lebensgewohnheiten, hat mir den Übergang hierher aufs wunderbarste erleichtert, und die Landschaft, die uns hier umgibt, sagt uns ebenso zu wie die provenzalische oder der Wiener Wald. Ich bin sicher, daß auch das sich wieder normalisieren wird, daß wir gute Verbundenheitsgefühle zu Land und Leuten haben werden und die Fülle feiner und liebenswerter Menschen dankbar schätzen werden, die wir hier haben. Auch kann unser Glauben an die Vernunftanwendung im Zusammenleben der Menschen durch den furchtbaren Rückfall in die Barbarei nicht erschüttert werden, bloß weil wir uns in der Zeitrechnung irrten und in einer Neuzeit zu leben glaubten, während das Mittelalter sich gerade wieder in der Hinrichtung des armen van der Lubbe[1] kundgetan hat. Unsere tapferen und vernünftigen Kinder, jedes in seinem Kinderheim oder Kinderdorf, erleichtern uns die Eingewöhnung auch. Nur der Enthusiasmus, auf wohltätige Täuschung gebaut, der ist hin, und ich weine ihm keine Träne nach. Ein andermal mehr über diesen Punkt; erst möchte ich Ihnen mein Buch ›Bilanz‹ geschickt haben. Leider wird es nicht vor Ende Februar erscheinen können. Inzwischen aber hoffe ich, von Ihnen gehört zu haben. Ich grüße Ihr ganzes Haus, besonders Ihre liebe Gattin und Sie, und wünsche, daß die Verschandelung Österreichs Sie jetzt schon gleichgültiger fände als vor einem halben Jahr und daß Sie trotz allem in der Wichtigkeit Ihrer Arbeit einen Trost dafür fänden, daß auch Sie gezwungen sind, in der dümmsten aller Epochen sich zu vergeuden.

Immer Ihr getreuer   Arnold Zweig

[1] Van der Lubbe, der als Anstifter des Reichstagsbrandes in Berlin verdächtigt und hingerichtet wurde.

Lieber Meister Arnold

Ich habe lange in Spannung auf Ihren Brief gewartet, der mir erlauben sollte, Ihnen zu antworten, und erfreue mich jetzt seiner, wie er von der Zentralheizung zu den Zentralproblemen der Beheimatung, von meinem Sohn Oliver zu Ihrer Bilanz sich ergeht. Von letzterer zuerst; ich bin begierig, sie zu lesen, jetzt, da ich Sie von Ihrer unglücklichen Liebe zum angeblichen Vaterland geheilt weiß. So eine Schwärmerei taugt nichts für unsereinen. Ich fürchte, Sie haben unter dem Einfluß unserer persönlichen Beziehung zuviel darin von mir gehandelt, was ja ein Schaden für Sie und nutzlos für mich wäre, denn man soll sich nicht darüber täuschen, daß diese Zeit mich und was ich zu geben hatte, ablehnt und nicht gewillt ist, sich durch Zurufe in ihrem Urteil beirren zu lassen. Wahrscheinlich wird meine Zeit noch kommen, aber, wenn man es hinzufügen darf, für jetzt ist sie vorüber.

Vor einigen Monaten hatte ich ein peinliches Erlebnis mit einem Literaten, von dem ein Nachhall vielleicht an Ihr Ohr gelangen kann. Darum schreibe ich Ihnen darüber. Im Oktober 33 besuchte mich ein Dr. Ludwig Bauer, den ich aus einigen ungewöhnlich klugen und scharfen Artikeln über die politische Situation zu kennen glaubte. Als ich hörte, daß er Wiener sei, Sohn eines Arztes, Freund von Arthur Schnitzler und Beer-Hofmann behandelte ich ihn wie einen Intimen und besprach mit ihm die Gefahren und Aussichten unserer Lage. Ich Leichtsinniger! Einige Wochen später rückte der Mann einen Aufsatz über Österreich in mehrere Zeitungen ein, indem auch sein Besuch bei mir verwertet war. Er beschrieb darin wie ich alter, braver, hochverdienter und hilfloser Mann, von Angst geschüttelt, ihn bei beiden Händen gepackt und immer nur die eine Frage wiederholt hatte: Glauben Sie, daß man mich wegjagen, daß man mir meine Bücher wegnehmen wird. Ich erfuhr von diesem Appell an das europäische Mitleid durch einen

Brief des Züricher Psychiaters Maier an meine Tochter Anna, in dem er anfragte, ob es mir in meiner Depression ein Trost sein würde zu erfahren, daß ich jederzeit ein Asyl in Burghölzli[1] finden würde. Was der Bauer geschrieben, war natürlich alles freche Erfindung. Mit der dem Journalisten eigenen Rücksichtslosigkeit gegen die Wahrheit hatte er mich zu einer Sensation verarbeitet. Als ich mit bitteren Worten bei ihm protestierte, begehrte er noch auf und verlangte Dankbarkeit dafür, daß er »vor Millionen von Lesern« meine Bedeutung verkündet, wofür er den Vorwurf habe hören müssen, daß er mich weit überschätzt habe. Ein übler Nachgeschmack ist mir von dieser Sache geblieben, das ist nun ein Kämpfer aus unseren Reihen!

Das Ärgste am Alter ist doch die zunehmende Überzeugung der Ohnmacht. In Ihrem ›Spielzeug‹[2] habe ich das meiste mit Genuß gelesen, vieles schien mir vorzeitig abzubrechen; am ergreifendsten und tiefsten natürlich das Stück, das Sie aus Ihrer Augenkrankheit geschöpft haben. Ich hoffe Sie wissen, daß Sie noch immer ein großes Publikum haben, wenn auch weniger Käufer. Ich arbeite nichts mehr, die Organe tun nicht recht mit, und aus dem alten Organismus die täglichen fünf Behandlungsstunden herauszupressen, wird Aufgabe genug. Man muß ja nicht immer und ohne Ende produzieren. Unlängst begann sich etwas zu formen, aber es zerfloß wieder. Wären Sie hier gewesen, so hätten wir es beplaudert.

Ich grüße Sie, Ihre liebe Frau und auch Lily O.-L.

Herzlich   Ihr Freud

---

[1] Kantonale Irrenanstalt, früher von Bleuler und Jung geleitet.
[2] A. Z. ›Spielzeug der Zeit‹. Amsterdam, Querido, 1933.

Haifa, Mount Carmel, Wollstein-House
10. Februar 1934

Lieber Vater Freud,

Ihr langer Brief hat mich entzückt und getröstet, trotz der un-
erfreulichen Dinge, die Sie gezwungen waren zu berichten.
Entzückt, weil ich in der Leidenschaft Ihres Erlebens, wie sie
sich in der Schrift ausdrückt, Trost und Bestätigung finde für
meine eigene, stets sprungbereite Explosivität, getröstet, weil
die Überlegenheit Ihres Geistes sich nie klarer ausdrückt, als
wenn Sie Dinge berichten, die Sie empören, und mit Recht.
Dieser Dr. Ludwig Bauer steht in der Tat im Rufe, einer der
besten heutigen deutsch schreibenden Journalisten zu sein;
seine gesammelten Aufsätze wurden mir noch in Sanary sehr
gerühmt. Gelesen habe ich keines seiner Bücher, aber ihre Titel
liegen mir im Ohr, und ich hatte immer Lust, das Versäumte
mal nachzuholen. In Sanary saß er einige Tage in einem Café,
eine schwammige Masse mit Vollbart; es gefiel mir nicht, ihn
kennenzulernen. Nun nehmen Sie mir auch noch die letzte
meiner Illusionen in Bezug auf ihn – und nun ab damit. Das
Jammervolle an unseren oppositionellen Zeitschriften scheint
zu sein, daß man sich auf keinen ihrer Mitarbeiter als auf
einen männlichen Charakter verlassen kann. Sie wären viel
besser, wenn sie nicht so sehr von hypertrophierten Intellekten
geschrieben würden und dafür etwas von der Fairneß engli-
scher Journalistik besäßen. Sie erinnern immer ein wenig an
einen Harem mit intrigierenden, hübschen Weibern. Die Son-
derstellung Carls von Ossietzky[1] in der deutschen Publizistik
war auch in seiner Sauberkeit begründet. Auch von ihm werden wir nie mehr eine Zeile lesen.

Und Sie also, lieber Vater Freud, wollen uns auch als Schriftsteller im Stich lassen? Sie haben alles Recht dazu. Ihr gesam-
meltes Werk stellt für mich die größte Erweiterung menschli-
cher Erkenntnis dar, die uns auf dem wichtigsten Gebiete zu-

[1] Carl von Ossietzky, 1889–1938, Herausgeber der Weltbühne, Frie-
densnobelpreis 1936.

teil geworden ist, nämlich auf dem unseres eigenen Geistes- und Seelenlebens. Sie wissen auch, daß ich der Meinung bin, Sie seien der Schlußpunkt der österreichischen Literatur, die immer als psychologische und schriftstellerisch meisterhafte Seelenzergliederung ihr Lebensrecht gehabt hat. Nur daß Sie weit mehr sind, wie Sie wissen. Ich will mich hier nicht selbst abschreiben! aber Ihre terrestrische Wichtigkeit ist es ja, die Ihnen die unerschütterliche Sicherheit geben muß, man werde auf Sie zurückkommen. Das will ich meinen! Wenn Sie aber sagen, im Augenblick sei Ihre Geltung gering, so muß das so sein. Freud *und* die Tyrannis – das geht nicht. Entweder folgt man Ihrer erkenntnisträchtigen Wissenschaft und Lehre, beherrscht die Affekte, baut sie als positive Kräfte ins Weltbild ein, und dann muß man für die Befreiung der Menschen eintreten und die Staaten entthronen, welche Ersatzbildungen für den Vatermoloch sind. Oder man möchte diesen Vatermoloch verewigen und die stufenhafte Unterdrückung in einem System des Faschismus den Menschen als Zukunftsideal auferlegen: dann muß die Analyse und jede Kritik am Seienden in den Schatten weichen, und Sie dazu. Nur leider oder Gott sei Dank: diese Leute verrechnen sich. Die europäischen Reaktionen haben immer lange gedauert, sie waren immer erzblöd, blutig und gemein (wenn auch keine im entferntesten der unseren gleichkam, weil noch keine auf eine solche wüste Entfesselung der Massenleidenschaften gefolgt ist), aber sie konnten auf die Dauer keinen einzigen schöpferischen Geist vom Fortwirken abhalten oder daran verhindern.

Durch die Unachtsamkeit naher Menschen und durch meinen eigenen Leichtsinn bin ich um meine ganze Bibliothek gekommen, die in 37 Kisten auf dem Speicher steht, um von den Nazis versteigert zu werden. Aber wenn ich jetzt im Geiste an meinen Bücherwänden entlanggehe, finde ich jeden schöpferischen Kritiker am Menschen weiter am Werke: den Jesajas und den Sokrates, den Cervantes und den Swift, den Voltaire und den Heine. Und so mögen Sie getrost zur Zeit in vielen Ländern zurückgedrängt werden: den Sigmund Freud werden sie auch nicht am Werke verhindern. Das Unglück ist nur, daß die Franzosen, heute das fortschrittliche Element in der Welt, von ihren Verdrängungen, ihrem allgemeinen Chinesentum und ihrer nationalen Eitelkeit daran verhindert werden, vorläufig die Wichtigkeit, das Ausmaß und die Tragweite Ihrer Leistung auch nur zu ahnen. Ich wünschte, das auf Sie bezügliche Kapitel von ›Bilanz‹ gäbe Ihnen Veranlassung, meine Behauptungen nachzuprüfen. Dann fände sich vielleicht ein enthusiastischer Franzose, um Sigmund Freud zu entdecken. Die Ahnungslosigkeit, auch in jüdisch-russischen Kreisen, die ich bei sehr gebildeten Parisern vorfand, hat mich doch erschlagen. Sie sind in allem so reaktionär wie in ihrem Theaterwesen, wo sie die deutsche Bühne von 1910, und zwar einen begabten Schüler des Darmstädter Hoftheaters, annähernd zu erreichen suchen. Und auf dieser Bühne werde ich, wenn alles gut geht, als eine revolutionäre Kraft mit dem Spiel vom Sergeanten Grischa Ende Feber oder Anfang März herauskommen. Die Komik dieser Sachlage hat es leicht, meine augenblickliche Depression zu durchbrechen.

Nun habe ich von Ihnen sehr viel und von mir noch gar nichts gesagt, und doch weiß ich, daß Sie es lieber umgekehrt hätten. Mir geht es merkwürdig. Ich bin ein Spätblüher, um es botanisch auszudrücken. Ich brauche immer sechs Monate länger, um hinter eine Sache zu kommen, wie Sie wissen, bin dann aber gründlich hinter ihr. So leide ich jetzt schwer unter der Depression und Melancholie des Herausgerissen- und Beraubtworden-seins, hause noch immer in einem Hotelzimmerchen mit Dita, schränke mich in der Arbeit so ein, daß ich nur einen einzigen Tisch für meine sämtlichen Bedürfnisse und Verrichtungen zur Verfügung habe und meine Manuskripte nicht ausbreiten, die ernsthafte Arbeit also nicht beginnen kann. Zwischendurch bin ich wieder gelassen und vergnügt, leide aber an einem Übermaß von Kritik, das mir gleichsam aus allen Poren spritzt, und vermag mich nur schwer von den Haß-

und Racheträumen zu befreien, mit denen ich mein seelisches Gleichgewicht wieder herzustellen suche, bevor ich einschlafe. Die Welt gefällt mir im Augenblick nicht, lieber Vater Freud, und ich bin immer noch ungezogener Junge genug, um sie ganz und gar in Trümmer zu zerschlagen oder es wenigstens zu wünschen. Ich traue mir freilich auch zu, eine kleine Ecke von ihr vernünftiger und sinnvoller organisiert wieder aufzubauen, und zwar mit jenem Roman ›Erziehung vor Verdun‹, in welchem ich die gründliche Abrechnung mit den Deutschen und den Nazi zu gestalten vorhabe. Es wird mir nur sehr schwer, der Fabel jenen Grad von Einfachheit und Natürlichkeit zu geben, den der Sergeant hat, und den ich diesmal nicht unterbieten möchte. Ob ich freilich meinen Helden Bertin werde mit so freundlichen Augen ansehen können wie den Sergeanten, daran zweifle ich noch. Überhaupt bin ich in einigen wesentlichen Dingen noch weit von der Klarheit entfernt, die ich brauche, um loszulegen. Es ist halt schwer, ohne sich zu kopieren, noch einmal die Auseinandersetzung eines Menschen mit der zur Maschine erstarrten, bösartig gemeinen Menschenwelt anzulegen, so daß ein organisch geführter Abschnitt Leben das Rückgrat einer Fabel bilden kann. Und die richtige Mitte zu treffen, das Autobiographische nicht anders anzusehen (aber auch nicht strenger) als das übrige Lebensmaterial des Buches, den Helden weder zu sehr zu verwöhnen noch zu scharf zu kritisieren: das wird noch ein schönes Stück Arbeit kosten. Ein nächstes Mal beschreibe ich Ihnen die Landschaft, in der dieser Kampf eines Schriftstellers mit seiner Vergangenheit und seinem gegenwärtigen Werk vor sich geht; heute habe ich nur noch den Dank und die Grüße der beiden fleißigen Frauen zu übermitteln, die beide hier im Zimmer beschäftigt sind, die eine zeichnend, die andere tippend. Und ich fasse Ihre Hände, (wie Sie die des Herrn Bauer), nämlich in der Einbildung, und freue mich, daß wir Zeitgenossen sind.
Mit den herzlichsten Grüßen an alle

Ihr Zweig

Lieber Meister Arnold

Arbeiten Sie nur emsig an der ›Erziehung vor Verdun‹, stecken
Sie alles hinein, was an Spottlust, Grausamkeit und Überlegen-
heitsgefühl diese letzten Zeiten in Ihnen aufgeweckt haben,
denn erstens brenne ich darauf, das Buch zu lesen – am liebsten
im Schatten eines Gartens, Wolf und Jofi[1] im Rasen daneben
–, und ich kann doch nicht wissen, wieviel Zeit ich habe, und
zweitens, weil nach meiner Empfindung die Menschen, die Leser werden sollen, ihr Interesse von der Kriegsvergangenheit
bereits abziehen, um sich ganz auf die unerhört überraschen-
den Vorgänge der nächsten Zukunft einzustellen. Damit Sie
also nicht zu spät kommen.

Unser Stückchen Bürgerkrieg[2] war gar nicht schön. Ohne Paß
konnte man nicht auf die Straße, die Elektrizität versagte über
einen Tag, die Vorstellung, daß das Wasser ausbleiben könnte,
war sehr unbehaglich. Jetzt ist alles ruhig, die Ruhe der Spannung meint man, wie wenn man im Hotelzimmer darauf wartet, wann der zweite Stiefel gegen die Wand geworfen wird.
So kann es nicht bleiben, etwas muß geschehen. Ob die Nazis
kommen oder unser heimgebackener Faschismus fertig wird,
oder ob der Otto v. Habsburg naht, wie man jetzt vermutet.
Mir schwebt eine undeutlich erinnerte Erzählung vor: ›The
Lady and the Tiger‹, nach der ein armer Gefangener im Zirkus
wartet, ob die Bestie auf ihn losgelassen wird oder ob die Dame
eintritt, die ihn durch ihre Wahl zum Gatten straffrei macht.
Die Pointe ist, daß die Geschichte zu Ende ist, ohne daß man
erfahren hat, wen die Türe einläßt, ob die Lady oder den Tiger. Das kann nur bedeuten, daß es für den Gefangenen ziemlich gleichgültig und darum nicht mitteilenswert ist.

Sie erwarten richtig, daß wir in Ergebung hier ausharren wol-

[1] Anna Freuds Wolfshund und Freuds Chow-Chow.
[2] Der Kampf des Kanzlers Dollfuß mit der Heimwehr gegen die
Sozialisten.

len. Wohin sollte ich auch in meiner Abhängigkeit und körperlicher Hilflosigkeit? Und die Fremde ist überall so ungastlich. Nur, wenn wirklich ein Hitlerscher Statthalter in Wien regiert, muß ich wohl fortziehen, gleichgültig wohin. Meine Einstellung zu den Parteien, die Streit miteinander führen, kann ich nur durch ein Plagiat an Shakespeare's Mercutio beschreiben: A plague on both your houses (Romeo and Juliet).

Daß die Nazis im Besitze Ihrer schönen Bibliothek sind, hat uns allen sehr weh getan. Nun hat meine Tochter Anna folgende Idee: Ob Sie nicht ein dringendes und unaufschiebbares Bedürfnis verspüren, wenigstens und zwar sofort für alles andere eine Gesamtausgabe meiner Schriften zu besitzen, die Sie ja so hoch zu schätzen scheinen? Wenn Sie sich zu diesem Wunsch bekennen, wann und wohin Ihnen der Verlag diese 11 Bände schicken darf? Bedanken Sie sich ja nicht bei mir, ich hätte einen so freundlichen Einfall gewiß nicht gehabt. Aber es ist Ihnen doch nicht verborgen geblieben, daß das Schicksal mir zur Entschädigung für manches Versagte den Besitz einer Tochter gewährt hat, die unter tragischen Verhältnissen hinter einer Antigone nicht zurückgestanden wäre.

Schreiben Sie bald wieder, was Sie und die beiden fleißigen Frauen machen. Wie lange kann man auf Mt. Carmel bleiben? Wahrscheinlich über den ganzen Sommer.

Herzlich   Ihr Freud

Wien, 21. 3. 1934

Mein Brief vom 26/2 nicht bei Ihnen angekommen?

Herzlich Fr.

Carmel, Haifa, 23. März 34

Lieber Vater Freud,

Ihr letzter Brief, arg ersehnt, kam in meiner Abwesenheit hier an – ich trieb mich mit Dita 10 Tage im Land umher, weil diese Zeit zum Reisen so geeignet und das Land jetzt so schön ist –

und wurde mir nach Tiberias gebracht, wo ich mich mit Lily traf. Ich weiß nicht, wo mit der Antwort anfangen. Zuallererst freue ich mich, daß Sie noch so frei schreiben konnten und können. Wir brauchen uns nicht darüber zu verständigen, daß der Destruktionstrieb heute überall stärker ist als der aufbauende. Warum sollte das in Österreich anders sein? Wollen wir Gradunterschiede gelten lassen oder aufsuchen? Müssen wir uns noch in Ausrufen ergehen? Wir haben das blutige Fleisch des Menschentiers seit 1914 vor Augen, jeder Schorf, der wächst, wird wieder abgekratzt – wenn Österreich das letzte wäre unserer sadistischen Erlebnisse, wäre uns wohl. Aber so gut geht es unserer exemplarischen Generation bestimmt nicht. Ich hoffe immer noch, daß Europa nicht zerstört werde, denn Hoffen scheint eine Folge gut funktionierender Drüsen zu sein. Aber glauben? Ich glaube längst nicht mehr. Qui vivra, verra – mehr ist nicht zu sagen. Und daß Sie ungebeugt und unverändert an der Arbeit sind, das freut mich so, daß ich alle schleichenden Veränderungen des Wien, das ich kannte, über mich ergehen lasse, ohne zu lachen.

Die wundervolle Freude, die Sie und Ihre Tochter mir machen, dies Geschenk eines Werkes, wie es heute keines mehr gibt, nehme ich dankbar an. Ich sandte vorgestern oder gestern eine Drucksache an Sie ab, enthaltend die Seiten von ›Bilanz‹, die sich ganz tangential mit diesem Ihrem Werk und den praktischen Folgen daraus beschäftigen. Ich werde nie fertig werden, Sie zu lesen und bestätigt zu sehen. Ich habe nur eine bestimmte Reichweite für meine Augen, rein zeitlich genommen; und da ich die Verheerungen der Neurose und ihre wunderbaren Ersatzbildungen am eigenen Leibe und der eignen Seele nur allzugut erprobt habe und ein Auge für ihre Wirkungen an den Menschen, werde ich mich für ein paar Jahre mit Rekapitulation und Neulektüre freuen. Ich besaß von den wichtigsten Schriften frühe Ausgaben von Deuticke-Traumdeutung[1], 3 Abhandlungen, Alltagsleben, Totem und Tabu, und (von

[1] Verlag Franz Deuticke, Wien und Leipzig.

anderen Sammelbänden abgesehen) die neuen Sammlungen des Psycho-Verlages. Aber jetzt, in den elf Folios, wird sichs erst gut lesen und vorlesen lassen. Ihre Anna! Sagen Sie ihr meinen herzlichen Dank und Gruß! Ich habe stets bedauert, daß sie zu beschäftigt war, um mit ihr über ihr Gebiet und ihre Interessen einmal reden zu können, wie mirs mit Ihnen vergönnt war. Aber ich hoffe, daß wir das nachholen werden. Wo, wird die Zukunft zeigen. Wird mein Roman fertig, so fahre ich nach Europa, ihn drucken. In der Zeit, da der Verlag ihn liest, fahre ich frei umher, also auch nach Wien, wenn das geht, oder zu Ihnen, wo Sie gerade sein werden. Hat der Satz begonnen, will ich nicht zu fern von Holland sitzen; das bedeutet eine Zeitersparnis von 4 Wochen.

Meine Arbeit hat begonnen und sieht hoffnungsvoll aus. Ich hatte große innere Schwierigkeiten zu überwinden. Ich konnte mich mit dem Ich von damals nicht mehr identifizieren und fand nicht das rechte Wohlwollen für den Mann Bertin; ich konnte aber auch in meiner Kritik an ihm keinen Halt finden. Demgemäß war es sehr schwer, die Fabel ins richtige Gleichmaß zu bringen, den Erlebnisstoff zu sichten und nur seine Zentren festzuhalten, sie durch die Handlung auf notwendige Art verknüpfend. Und das Grundproblem ist so wichtig: der gebildete Mensch, der die Wirklichkeit nicht anerkennen will und seine Kinderwelt festhalten möchte: im Kriege! In eine Mörderhöhle gefallen, die er für eine Ritterhöhle hält und halten möchte, coûte que coûte! Und der durch ein mechanisches Abrollen gleichsam so lange geschliffen wird, bis er zugeben muß: ja, die Welt ist, wie sie ist, die Deutschen, wie Deutsche nun mal sind, mein Ich, wie ich eben bin. Nun, Sie werden ja sehen. Seit 1928 drehe und wende ich den Stoff da, aber jetzt kriege ich ihn. Und da ich den Krieg nur als verschärftestes Exemplar der menschlichen Gesellschaft nehme, aber ganz konkret, werden wir hoffentlich vor Winteranfang ein lesbares Buch in Händen haben. Wenn Sie sich bis dahin nur gut schonen und gegen die Unbill der Zeiten verteidigen.

Von allen meinen Lieben (und Plagen) hier ein nächstes Mal. Aber heut nur herzliche Grüße von Haus zu Haus, Ihrer Anna-Antigone einen Handkuß und Ihnen meine liebsten und besten Wünsche.

Ihr Zweig

Wien, 30. 3. 34

Freue mich Ihrer Zustimmung, bitte nur der Sicherheit halber Angabe, *wohin* die 11 geschickt werden sollen.
Schöne Ostergrüße   Ihr Fr.

Carmel, Haifa, 2. 4. 34

Lieber Vater Freud,

Als Ihre liebe und gute Kartenfrage eintraf, war ich gerade dabei, mich photographieren zu lassen, um Ihnen endlich ein anständiges Porträt von mir senden zu können. Einen Augenblick bangte ich, mein Brief und die vorangegangene Sendung der Korrekturfahnen von ›Bilanz‹ hätten Sie nicht erreicht; dann aber bedachte ich Zeiten und Räume, die sonst ja die Domäne unseres teuren Kampfgenossen Einstein sind, und gab der Hoffnung wieder Raum. Dieser Brief, falls er par avion abgeht, erreicht Sie in weniger als einer Woche. (Zum Glück gibt man sich nie Rechenschaft über das, was in einer Woche alles passieren kann.) Das Bild wird vielleicht länger brauchen, falls das Flugzeug große Formate als Geschäftspapiere oder Briefe nicht mitnimmt. Kommt dieser Brief also allein an, so ist er nur ein Vorflieger. – Meine Arbeit hat gut eingesetzt, und die gallige Natur, die ich jetzt in mir entwickle, ungerecht zu sein nach Herzenslust gegen die vielen verfluchten Störungen, denen ich seit vorigem März ausgesetzt bin, wird dem Buch zugute kommen. Es wird ein getreues Bild der Natur des Menschen sein, das ich entwerfe, nicht ohne den Humor der Sache, und da ich die Fratze der Triumvirn Hi-Gö-Gö[1] überall sehe,

[1] Hitler, Göring, Goebbels.

also auch hinter gewissen meiner Figuren, werden die Nazi und die schlappen Deutschen im Heere nicht zu gut abschneiden, wie Sie sich denken können. Am schwersten war es mir, in diesen ganz gesellschaftskritischen Roman die wichtige Schicksalskomponente hineinzukriegen, die allein Dimension und Distanz verleiht, das, was außerhalb der verschiedenen Iche wirkt und spielt. In diesem Punkt bin ich auch noch nicht zufrieden. Es ist überhaupt noch viel Arbeit zu machen und die Lust an der Faulheit groß. Das Meer nämlich liegt optisch nahe, motorisch aber recht fern, und wenn man baden will, muß man drei kostbare Tagesstunden dafür ansetzen.

Leben Sie recht wohl. Ich freue mich innig auf Ihre Werke. Mit besten Grüßen und Wünschen von Haus zu Haus

Ihr Zweig

Wien IX, Berggasse 19
3. 4. 1934

Lieber Meister Arnold

die alte Geschichte erzählt, als die 10 000 unter Xenophon nach langer Wanderung durch Kleinasien endlich die Küste erreichten und des Meeres ansichtig wurden, brachen sie erschüttert in den Ruf aus: θαλασσα, θαλασσα.

Xenophon, der dabei stand, bemerkte: Man kann auch θαλαττα sagen.

Bitte korrigieren Sie auf S. 232 Ihrer Bilanz das Unterbewußte in Unbewußtes und auf S. 234 Ferency in Ferenczi.

Herzlichst   Ihr Freud

PS. Oh, auch *Edward* Jones in *Ernest* J.

Wien IX, Berggasse 19

4. 4. 1934

Nachtrag zum Brief von gestern.

Sofort nach Absendung kam mir in den Sinn, daß ich darin einen Fehler begangen, nämlich θαλασσα mit einem zweiten λ geschrieben hatte[1]. Nach allen Anzeichen mußte es eine Fehlleistung gegen besseres Wissen sein. Sehr bald verstand ich auch ihr Motiv. Ich hatte mich über die kleinen Unrichtigkeiten in Ihrem Aufsatz geärgert, immer sehr empfindlich in kleinen Dingen.

(Ferency, Edward Jones, Unterbewußt)! Anstatt Ihnen das direkt zu sagen, zitierte ich die Anekdote von Xenophon. Aber die Liebe mengte sich ein und sagte: Wahrscheinlich sind Sie an diesen kleinen Verstößen unschuldig, Sie haben es ja nicht so leicht wie andere mit Korrekturen. Das *Unter*bewußte mag die Folge eines Verhörens der Sekretärin sein, und überhaupt kritisiere ich Sie nicht gern. Sie sollen also eine Genugtuung haben, und die beste ist, selbst ein Stück kleiner Unwissenheit zu leisten, das Ihnen auffallen kann und das Sie mir vorhalten werden. So entstand das θαλαττα und dies ist seine Erklärung! Nebstbei, ich war immer stolz auf den reichlichen Niederschlag des Griechischen in meinem Gedächtnis. (Sophokles Chorgesänge, Stellen aus Homer.)

Herzlich   Ihr Freud

Carmel, 6. 4. 34

Lieber Vater Freud,

Dank für die zweite Karte und die Annäherung der elf. Ich freue mich schrecklich darauf, wie ein Junge.

Es ging inzwischen an Sie ab:

1) eine Drucksache, enthaltend Fahnen aus ›Bilanz‹,

2) ein Brief, handgeschrieben,

3) ein viel zu großes Foto.

[1] Tatsächlich hatte sich Freud nicht verschrieben, sondern das Wort immer korrekt buchstabiert.

Alles angekommen? Dem Verlag gab ich gleichzeitig die genaue Adresse. Ihre Schrift zeigt mir, daß Sie gut bei Kräften sind. Haben Sie schon Frühling und fahren manchmal aus? Grüßen Sie Anna und ihre Freundin, die Sie gewiß nach Hochroterd mitnehmen, wenn schon Kätzchen an den Bäumen sind. Die Arbeit geht gut.

Ich müßte nur doppelt vorhanden sein, damit der eine AZ überarbeiten und feilen könnte, was der andere AZ diktiert. Hier blühen Mimosen, Citronen und zahllose Bergblumen.

Von uns allen alles Gute Ihrem ganzen Haus:

der Ihre: Zweig

Wien, 15. 4. 1934

Ebenbild angekommen, gerahmt, aufgestellt.

Herzlich Fr.

Haifa, 23. April 34

Lieber Vater Freud,

Nun sind die elf da, und ich sehe schon einen zwölften am Horizont, damit die Zahl der Apostel und der Monate erreicht sei. Ich habe mich so gefreut, wie es nur in meiner Natur war und ist – still für mich hingefreut, innig. Und ich war so glücklich wie seit vorigem März nicht mehr. Das persönliche Band von Ihnen zu mir wird durch dies herrliche Geschenk gleichsam monumentalisiert: Grundstock einer Bücherei wie eines Lebens ... Sagen Sie Frau Anna auch noch einmal, daß und was sie Gutes an mir getan hat – ich komme schon auch noch persönlich zu ihr und bedanke mich. Ich habe mich gleich auf den Leonardo[1] gestürzt und bin mittendrin. Der herrlich große Druck hilft meinen Augen, nicht zu ermüden; die kleine Arbeit ist aber auch spannend wie eine Novelle und von einer finesse

[1] S. F. ›Eine Kindheitserinnerung des Leonardo da Vinci‹. (1910) G. W. VIII, S. 127 ff.

83

und Vorsicht der Deutung, daß man nur ja sagen und begeistert den Kopf schütteln kann. Und daß Sie die kleine Fehlleistung des einen Briefes im nächsten so prompt deuteten, und zwar so, das ist wahrhaft väterlich und entzückend von Ihnen; und dabei bin ich für die Korrektur dieses Buches garnicht verantwortlich: ich habe sie in Paris lesen lassen, damit es schneller erscheine, und das dauerte *so* lange!

Lieber Vater Freud, ich gehe noch einmal in Analyse. Ich werde die Hitlerei nicht los. Der Affekt hat sich gegen jemanden umgelagert, die unsere Sachen 1933 unter Schwierigkeiten betreut hatte. Aber mein Affekt ist Besessenheit. Und ich lebe nicht in der Gegenwart, sondern bin »abwesend«. Und meine Arbeit wird breit und saftlos und ohne Geheimnisse; und statt in die Personen läuft die Phantasie zwanghaft in sadistische Kriegswunschphantasien aus. Hier sitzt Dr. S., und morgen fange ich an. Vielleicht gelingt es ihm, meine Amnesie der Kinderjahre aufzulösen und an die Quelle der Störungen zu gelangen. Und dann werd ich mich bald richtig freuen können und das wunderbar kühl-sonnige Carmelwetter recht genießen. Und was planen Sie? ›Bilanz‹ kriegen Sie von Holland.
Immer Ihr treuer

Arnold Zweig

Haifa, 24. 4. 34

Lieber Vater Freud,
Ihre Karte kam ganz entzückend mitten in meine Absicht hinein, Ihnen diesmal den gleichen Korrekturbrief zu senden, den Sie Ihrem Thalatta-Irrtum nachgesandt hatten: Dita hat mir bewiesen, daß ich die Leonardo-Arbeit bereits *zweimal* gelesen haben muß, einmal etwa 1911 und einmal nach dem Kriege. Diesmal war ihr Gedächtnis das treuere, meines, sonst sehr genau, enthielt einfach keine Spuren dieser Lektüre. Der Grund ist wohl klar: ich bin selbst zu gut getroffen; einer meiner Fälle muß dem hier so genial aufgeklärten parallel gelegen haben,

meine Verdrängung fühlte sich bedroht und gekränkt und verdrängte, was sie aufzuheben geeignet gewesen war, weil Rache süß ist. Dita erinnerte sich auch noch an unsere Reaktion von damals, wo wir noch nichts verstanden. – In einer Woche ziehen wir in unsere Wohnung – alles neu macht der Mai. Wenn mein Photo wenigstens ein Sprechphoto wäre, wie es jetzt Tonfilme gibt, damit es zu Ihrem Geburtstag einen Spruch sagen könnte!

Immer   Ihr Zweig.

Lieber Vater Freud,

dies soll zum 6. Mai bei Ihnen sein und Ihnen mit Knix und Handkuß wie in alten Zeiten als Enkelchen gratulieren. Und damit es nicht ohne Gabe komme, schenkt es Ihnen die erste Niederschrift eines Planes, den ich gleich nach ›Erziehung‹ vornehmen werde: den Roman von Nietzsches Umnachtung zu schreiben. Sie wissen, daß ich seit der Nachkriegszeit in bitterer Ablehnung von diesem Gott meiner Jugend weggesehen habe. Zeichen davon stehen in manchen Büchern, am deutlichsten in ›Bilanz‹. Nun näherte ich mich seit Jahren ihm wieder, dadurch daß ich in Ihnen, Vater Freud, den Mann erkannte, der all das getan, was der Nietzschefritz nur malte: der die Antike neu gebar, alte Werte umwertete, mit dem Christianismus aufräumte; der wirkliche Immoralist und A-theist, Neubenenner der menschlichen Triebe und Kritiker des bisherigen Kulturverlaufs und was nicht noch alles von Ihnen und ihm zu sagen wäre – der aber alle seine Verzerrungen und Narreteien vermeidet, weil er halt die Analyse erfand und nicht den Zarathustra. Und bei Dr. S. kam mir ein Buch von Podach[1] in die Hand, das jetzt langsam aufgefressen und einverleibt wird, um später Gestaltung zu ermöglichen. Ich will den Menschen F. Nietzsche auf der Höhe seines Turiner Glücks schildern, schon

[1] Erich T. Podach, ›Gestalten um Nietzsche‹. Weimar 1932.

seine euphorische Ungehemmtheit im Schreiben, seine Schüchternheit, Liebenswürdigkeit, das Glück im Winkel. Unterm Horizont wetterleuchtet die Ziege, die Schwester, höflich das Lama genannt, und die Frau Pastor Nietzsche; der Vatergeist, 35 Jahre alt gestorben, und Jacob Burckhardt, der ihn mit Recht hatte fallen lassen; am Himmel aber, Wolken darüber, das Gestirn der Ariadne (Cosima und Lou, die Frau aus der Fremde, das Unziegenhafte, das sublime Weibliche, der geistige Eros). Und dann kommt der Knax, die Erlösung von Krampf, Kampf und Wirklichkeit, als der Konflikt zwischen Familie und Ich nicht mehr erträglich ist, und die Flucht in die neuen Existenzen des Gekreuzigten und des Dionysos. Und nun gebe ich die doppelte und dreifache Kurve, was sich in der Wirklichkeit (R) begibt, was die Mutter (M) davon wahrnimmt, was F. N. selbst erlebt: so daß sich das eigentlich grausige Geschick vollendet, als sich die Pforten des Hades, der Familie, hinter ihm schließen. Ich möchte die gesunde Bürgergestalt des Freundes Overbeck[1] als den Gegenspieler der Ziege Lisbeth herausholen, die Figur Jacob Burckhardts schön runden, noch ein Dutzend Leute geben, den Akzent aber auf die Wahnwelt legen und dort mal so recht ausschweifen. Nur die Fabel macht mir noch Sorgen. Denn ein Krankenbericht oder eine Wahndarstellung ist noch keine Fabel, wenn auch selbst Th. Mann dergleichen glaubt, und noch sehe ich da nichts Genaues. Aber wenns Ihnen Spaß macht und Sie mir helfen, und vielleicht gar Frau Lou, so hoffe ich, einen Gegen-Grischa hervorzubringen. Und dazu Ihren Namen aufs Widmungsblatt zu setzen. Von Herzen

Ihr Zweig

Daß Sie mich gerahmt und aufgestellt haben, ist so beglückkend . . .! Danke schön!

[1] Franz Overbeck, 1837–1905, Professor der Theologie in Basel.

Lieber Meister Arnold

Keine Zuschrift zu meinem 78ten hat mich stärker beansprucht als Ihre. Am liebsten überlegte ich die Antwort noch eine Woche, aber was sollen Sie unterdes denken? So fange ich doch heute an, um in den nächsten Tagen fortzufahren.

Ich kenne das Buch von Podach nicht – noch nicht –, das Sie in Flammen gesetzt hat. Wenn Sie wollen, werde ich es studieren. Eine verrückte Ankündigung eines wahrscheinlich schief geheilten Psychotikers, der Friedrich Nietzsche's Mysterium durchschaut haben will, lege ich Ihnen bei. Man kann doch nicht wissen, was so ein Narr erraten hat. Unsere Freundin Lou ist über 70 Jahre alt, und soviel ich aus der Ferne errate, nicht gut bei Kräften. Sie schreibt nie von sich in ihren Briefen und jammert nie, sie dürfte einige der wenigen Lebenden sein, die etwas Intimes von ihm wissen. Und sie teilt es nicht gern mit. Gewiß nicht anders als mündlich. Mir wollte sie nie von ihm erzählen. Für Ihre Absicht wäre sie unersetzlich. Das wären die Außenbemerkungen.

12. 5. 34

Der erste Eismann, aber ein glorreicher Sommertag, der Garten vor dem Fenster so recht ein Ort, um »in Schönheit zu sterben«. Ich überlege, ob ich Ihnen zu- oder abraten soll, Ihre Absicht durchzuführen. Die Abneigung gegen Ihr Projekt ist mir viel deutlicher bewußt als die Gründe für sie. Aber es wird wohl wenig ausmachen, wie ich mich äußere. Der poetische Auftrieb, wenn stark genug, wird sich stärker erweisen.

Es scheint mir also, wir rühren an das Problem der dichterischen Freiheit gegen die historische Realität. Ich weiß, ich empfinde darin recht konservativ. Wo in Geschichte und Biographie eine hoffnungslose Lücke klafft, da mag der Dichter hingehen und zu erraten versuchen, wie es zugegangen. Im unbewohnten Land darf er die Geschöpfe seiner Phantasie ansiedeln. Auch wenn die Geschichte bekannt, aber allzu entlegen und dem allgemeinen Wissen entfremdet ist, kann er sie beiseite schieben. So ist es keine Einwendung gegen Shakespeare, daß um das Jahr 1000 Macbeth ein gerechter und volksfreundlicher König von Schottland war. Dagegen sollte er die Wirklichkeit respektieren, wo sie feststeht und allgemeiner Besitz geworden ist. B. Shaw, der seinen Caesar eine steinerne Sphinx anschwärmen läßt, als wäre er ein Cook'scher Tourist, und ihn beim Abschied von Ägypten vergessen läßt, von Kleopatra Abschied zu nehmen, zeigt damit, daß er ein Hanswurst ist, dem der Spaß über alles geht. Der historische Caesar ließ die Cleopatra nach der Geburt ihres Caesarion nach Rom kommen, wo sie bei ihm blieb, bis sie nach seiner Ermordung die Flucht ergriff. Gewiß halten sich die Dichter nicht häufig an diese Regeln, so Schiller nicht im Carlos, Goethe im Egmont und Goetz usw., aber es ist häufig nicht vom Vorteil, wenn sie sie übertreten.

Wenn es sich nun um eine so gegenwartsnahe Person von lebender Wirksamkeit handelt wie Friedrich Nietzsche, so sollte eine Schilderung seines Wesens und seiner Schicksale sich dasselbe Ziel setzen wie ein Portrait, d. h. bei aller Herausarbeitung der Auffassung das Hauptgewicht auf die Ähnlichkeit legen. Und da der Abgeschilderte einem nicht sitzen kann, muß man soviel Material über ihn zusammengebracht haben, daß es nur mehr einer verständnisvollen Ergänzung und Vertiefung bedarf. Sonst ereignete sich wieder, was jenem pietätsvollen Sohn bei dem ungarischen Maler widerfahren ist: Armer Vater, wie hast Du Dich verändert. Denken Sie auch, was fangen wir mit einem phantasierten Friedrich Nietzsche an? Ob bei ihm der Stoff für solch ein Porträt hinreicht, müssen Sie wissen. Das Buch von Podach scheint Sie sicher gemacht zu haben, aber bei Friedrich Nietzsche kommt noch etwas hinzu, über das Gewohnte hinaus. Es ist auch noch eine Krankengeschichte, und die läßt sich noch viel schwerer erraten oder konstruieren. D. h. es sind wohl psychische Vorgänge, die aufeinander folgen, aber nicht immer psychische Motivierungen, die sie herbeiführen, und man kann in deren Aufrollung sehr irre gehen. Überhaupt, wenn es eine Krankengeschichte ist, ist ja der größere Anteil des Interesses für den Nichtfachmann erledigt.

Ob das meine wirklichen Argumente gegen Ihren Plan sind, weiß ich nicht. Vielleicht spielt noch die Beziehung eine Rolle, in die Sie mich zu ihm bringen. In meiner Jugend bedeutete er mir eine mir unzugängliche Vornehmheit, ein Freund von mir, Dr. Paneth[1], hatte im Engadin seine Bekanntschaft gemacht und mir viel von ihm geschrieben. Ich stand auch später so zu ihm wie ungefähr in der ›Bilanz‹. Um auf diese überzugehen, ich habe sie mit Schmerzen gelesen. Hoffentlich hat sie Ihrer Gesundheit gut getan als Ventil und Abfuhr, denn ich ersticke fast an verhaltenem Groll und Wut. Was Sie in der ›Bilanz‹ über mich schreiben, davon glaube ich natürlich nicht die Hälfte. Aber immerhin, meine Freundin Yvette[2] hat ein Liedchen in ihrem Repertoire: Ça fait toujours plaisir.

Mein Geburtstag ist ohne Schaden für mich verlaufen, weil kein glückwünschender Besucher angenommen wurde. Blumen sind natürlich harmlos. Wir haben kaum je so schön gelebt, wie hier, und ich war auch selten soviel gequält. Man muß es hinnehmen, da die technische Hilfe so ungenügend ist.

Meine besten Wünsche für die ›Erziehung‹.

Mit herzlichen Grüßen   Ihr Freud

[1] Joseph Paneth, 1857–1890, Studienfreund Freuds.
[2] Yvette Guilbert, 1866–1944, französische Diseuse.

Wien XIX, Straßergasse 47
22. 5. 1934

Lieber Meister Arnold

Abraten, schien mir, ist keine genügende Freundesleistung. Ich habe daher bei Frau Lou angefragt, ob ihre Mithilfe zu haben wäre. Ihre Antwort[1] lege ich bei, Sie mögen sie zurückgehen lassen.

Herzlich   Ihr Freud

Haifa, Carmel, Beth Moses
6. 6. 34

Lieber Vater Freud,

wie lange drängt es mich schon, Ihren lieben anteilvollen Brief zu beantworten! Aber wir sind im Einrichten unserer Wohnung, unter 1000 Widrigkeiten gehts vorwärts, und mittendrin mußten wir auch noch nach Tel Aviv, die sehr sehenswerte Levantemesse zu besichtigen. Und nun bin ich wieder hier, Dita noch in Tel Aviv, und habe heute abend einen Vortrag zu halten unternommen: Die seelischen Folgen der Entwurzelung. Eigentlich also keine Briefstimmung. Aber Ihr wunderbar väterlicher zweiter Brief und Frau Lous Einlage lassen mir seit Tagen keine Ruhe. Noch nie hat mir ein Mensch, der mir alles gilt, wie Sie, so von einem Plan abgeraten und noch nie so vergebens. Sie haben in allem recht. Meine Überzeugung ist ganz die Ihre, was historische Treue anlangt. Ich denke gar nicht daran, einen Nietzsche zu erfin-

[1] Lou Andreas-Salomé schrieb am 20. 5. 1934 an Freud: »In diesem kurzen Gruß und Dank will ich aber noch eins möglichst sofort hinzufügen, da Sie zum Schluß mich danach fragen: es ist wegen des Planes mit dem Nietzsche-Thema. Das ist für mich eine *ganz und gar undenkbare* Beteiligung, und wäre es die allergeringste, loseste! Das ist für mich nicht zu berühren, voll Schrecken wehre ich es ab. Bitte sagen Sie es dem Betreffenden mit den stärksten Ausdrücken und für immer. – Übrigens, wie recht haben Sie, ihm überhaupt von dem Nietzscheplan dringend abzuraten.«

den, zu fantasieren, zu konstruieren. Ich möchte die schreckliche Kluft zwischen Sein und Schreiben eines Deutschen ergründen und aufzeigen; möchte diesen Bruder Fritz und diese Schwester Lisbeth gegeneinanderführen, immer den Schatten des Hitler über ihr. Ich möchte die Flucht des Mannes und sein Eingefangenwerden schildern, seine weiche, zarte, infantilschüchterne Haltung und die Donnerworte, die das Nazitum vorwegnahmen. Ich möchte ihn mit Overbeck konfrontieren und Jacob Burckhardt über ihn zu Gericht sitzen lassen. Seine einsame Seligkeit in der Landschaft möchte ich malen und den Alp, den die Zeitgenossen für ihn bedeuteten. Er war nie etwas anderes als der genialste Philologe – unter Worten war er glücklich, Worte genügten ihm völlig. Wehe nur, daß er sie so stellte, als sollten sie Menschen in Bewegung bringen – und das taten sie dann auch. Ich möchte das Gemälde des heutigen Deutschland mit seinen Lehren verbinden, meine Wut, meinen Haß, meine Verachtung in seine Gestalt tragen und seine große Flucht in die Psychose machen, in ein dunkles Reich voll magischer Gesetze und wilder Residuen der Seele, in dem er völlig ohne Konflikt leben darf, nachdem die letzten Berührungen mit der Wirklichkeit: die Mutter, Langbehn, die arge blöde Schwester abgelaufen sind. Und so soll Frau Lou selbst gar nicht auftauchen, nur ihre zentrale Imago, Ariadne, von der Realität besiegt, von Lisbeth, dem Nazi. Ich sehe die Konturen der Fabel, mehr noch nicht, aber es zieht mich sehr an . . . Urteilen Sie nun, ob Abraten da hilft! Eine Jugendliebe ist mir dieser F. N. gewesen, bewundert als Prosaist einschließlich auch als Denker, aber nie weiter als bis zum Zarathustra. Die späteren Werke machten mir immer mehr Widerspruch rege. Und ich werde ihn noch nachlesen, diesen späten Nietzsche, ganz genau. Was Frau Lou erzählen könnte, ist freilich ganz unersetzlich; aber ich möchte diesen wirklich letzten Versuch des Mannes, sich das Leben zu retten, ganz aus seinen eigenen Augen und Sehnsüchten und Fantasien geben und die Lisbeth-Täuschereien, das Mutter-Gezeter, den Naumburger Stubengestank dagegenhalten, dem er nicht gewachsen war: da könnte sie mir zwar herrlich helfen, ich brauche diese einzigartige Hilfe aber nicht; sie soll nur das Buch lesen, wenn es fertig ist, und urteilen, sie und Sie. – Es ist wunderbar, daß Sie so gut untergebracht sind, und daß Sie Lust an diesen Wochen haben. Jofi und die Enkel werden hoffentlich helfen, Ihnen gute Tage zu machen, von Anna zu schweigen. Mir selbst geht es merkwürdig. Ich bin voller Widerstände gegen meine Arbeit, ich fühle mich wie ein Igel an gegen mein eigenes Ich, mir sieht mein Roman schauderhaft aus, und vielleicht ist alles falsch, was ich in diesen Wochen tue, abgesehen von der Analyse bei Dr. S., die ich meiner wilden Depressionen und Haßausbrüche wegen nötig fand und die gut vorwärtszugehen scheint. Ohne sie hätten mich wohl schon die Fliegen und die Arbeiter rasend gemacht. Nur daß die Wege so lang sind, jede Analysenstunde 2 andere Stunden vor- und nachher verschlingt, ist ekelhaft. Wir schaffen uns jetzt auf Kosten unserer Kinder vielleicht einen gebrauchten Wagen an. Dann ist auch das Meer nicht mehr so weit weg, in dem ich Samstag fast ersoffen wäre, so tüchtig ich auch schwimme. Ach, lieber Vater Freud, was für eine durcheinandre Kreatur ich jetzt bin, das möcht ich Ihnen mal malen! Und die Amnesie über »den Träumen meiner Jugend« ist zäh und will nicht weichen. Aber wir werden es schon schaffen. Ihr Genius und der vorzügliche Dr. S. werden da schon Bresche legen. Und jetzt muß ich aufhören, weil ich mich für den Vortrag ausruhen will. Ich lese in diesen Tagen zur Ablenkung ein elendes Buch, E. Ludwigs Napoleon[1], und da macht mir jeder Satz Mut zu allem – nicht weil sein Corse etwas anderes als eine Gipsfigur wäre, sondern weil das Buch so blöd ist. Auf Wiederschreiben morgen früh, wenn der Brief weg muß.

7. 6. 34: Guten Morgen! Ich könnte gleich noch einen neuen Brief anfangen, so sehr beschäftigt mich Ihre Gegenwart, Ihr Gegenüber. Ich sende aber mal erst diesen ab. Es wird jetzt

[1] Emil Ludwig, ›Napoleon‹. Berlin, Ernst Rowohlt Verlag, 1925.

heiß bei uns, schon am Morgen. Haben Sie gutes Wetter? Halt: ich leugne Ihr Recht, sich in ›Bilanz‹ überschätzt zu fühlen, lieber Vater Freud. Ich habe wahrscheinlich noch einige Facetten Ihres Lebenswerkes vergessen und das Persönliche überhaupt verschwiegen.

Also! Frau Lous Brief das nächste Mal zurück; heute nur noch das Herzlichste von Haus zu Haus!

Ihr Zweig

Haifa, Mount Carmel, Beth Moses
8. Juli 34

Lieber Vater Freud,

wenn man lange genug einen Brief hinausgezögert hat, den man schrecklich gern mit der Hand geschrieben hätte, bekennt man sich schließlich doch zur Maschine, um zunächst einmal das Dringliche loszuwerden. Das Dringlichste ist nicht etwa der einliegende Brief, den ich Ihnen mit herzlichem Dank zurückgebe, sondern ein kleines Getümmel von Nachrichten und Ausrufen, die zu Ihnen müssen. Welch eine tiefe Befriedigung in den deutschen Ereignissen[1], von denen wir heute noch immer nur Radio-Mitteilungen hierhaben! Daß so schnell die eigentlichen Herren Deutschlands die vermeintlichen totschlagen würden, ging über jede Hoffnung. Ich gab dem Regime vier Jahre, jetzt, nach 16 Monaten, ist bereits ein scheußlicher Klüngel davon beseitigt. Es wäre lächerlich zu verschweigen, wie wohl diese Tatsache tut; dennoch aber stelle ich fest, daß die Methode und die Personen, die diese Beseitigung ausführten, so schurkenhaft sind, daß sie mit den Opfern ein gewisses Mitleid erregen. Und so lange Göring und Goebbels und der Herr Hitler selbst noch unangetastet herumwirtschaften dürfen, ist an den Grundpfeilern der Tatsachen wenig geändert und das Böse und Verruchte unbesiegt in der Welt. – Die zweite Nachricht: ich habe, um die Schwierigkeiten des Romans in Ruhe zu überwinden, mal erst ein Stück geschrieben à l'improviste, und

[1] Anspielung auf den Röhm-Putsch.

in 14 Tagen: ›Bonaparte in Jaffa‹[1], ein Napoleonstück also, in dem es um dreitausend türkische Gefangene geht, die der General Bonaparte in Jaffa machte und niedermetzeln ließ. Ich lasse es jetzt ein bißchen liegen und schicke es Ihnen, sobald es von der »Habimah«[2] gelesen ist, an die es sich zuallererst wendet. Ich glaube aber, daß es sogar in Wien gespielt werden könnte, und wäre das im Winter der Fall, dann könnte ich einen längeren Aufenthalt in Ihrer Nähe nehmen. Vorläufig liegt es aber noch hier in der Schublade, dazu bestimmt, um kleine Züge bereichert zu werden. –

Schließlich nimmt der Nietzsche-Plan ganz behutsam an Gestalt zu. Ich brauche nämlich eine Handlung, um eine Fabel bauen zu können, die das Stück vom Zeitverlauf unabhängig macht und ein episches Nacheinander hervorbringt. Und dazu nehme ich den zentralen Kampf Nietzsches um seine Freiheit von der Familie. Sie werden mir recht geben, daß er vor ihr ewig auf der Flucht ist, ohne sich in eine einfache Verneinung retten zu können, und daß der Konflikt, aus dem er sich in die Psychose flüchtet, offenbar ein Familienkonflikt ist. Um seine endgültige Niederlage tragisch aufleuchten zu lassen, muß es in diesem Konflikt in der Bewußtseinssphäre gegen das Machtstreben der Schwester gehen, wenn möglich um Geld, Erbteil oder ähnlich konkrete und unscheinbare Raufereien. Das Furchtbare an seinem Schicksal ist ja nicht die Psychose selbst, sondern daß diese Psychose der Schwester den Zugriff freigibt, mit dem sie sich seiner ganzen Person und seines Werkes bemächtigen kann. Habe ich dieses Gerippe des Buches ganz klar, so kommt alles andere von selbst. Nun sind Sie doch ein genauer Kenner der Briefliteratur und auch jener Abfassungen, mit denen Frau Förster die Nietzsche-Literatur bereichert hat; und meine Augen würden besonders in den letzteren Bänden lange suchen müssen. Vielleicht aber können Sie mir Hin-

[1] A. Z. ›Bonaparte in Jaffa. Historisches Schauspiel‹. (Bühnenmanuskript) Berlin, Aufbau Bühnen Vertrieb, 1949.
[2] Hebräisches Theater.

weise geben, die mir Umwege ersparen und mich auf bestimmte Epochen oder Episoden aufmerksam machen, mit denen ich arbeiten kann. An Frau Lou wage ich natürlich nicht mehr zu denken. Von ihr hätte ich nur gern Mitteilungen ganz äußerlicher Art gehabt, Stimme, Anzüge, Sprechart und dgl. Zum Beispiel, ob er sächsischen Dialekt sprach, wie er sich hielt, wie er wirkte, wenn man den Seeräuberschnurrbart abzog, und dergl. Aber das kann ich auch erfinden. Der Kern meines Plans ist natürlich die Möglichkeit, einen antideutschen Affekt so grimmig und total zu entladen, wie er auf keinem anderen Wege gestaltbar ist. Auch seine Verachtung gegen den deutschen Antisemitismus, die weltbekannt ist, macht ihn zum Helden dieses Romans völlig unentbehrlich. Aber ehe ich an das Diktat des Buches gehe, wird noch viel Wasser die Donau, resp. den Kishon hinunterlaufen. Vorläufig plage ich mich mit der Analyse, einem Widerstand, der sich gewaschen hat und uns die Gewähr für gründliche Arbeit zu geben scheint, und der Fabel zu meinem Roman, die in den letzten Tagen endlich Form annimmt und Sprossen treibt, was sie seit sechs Jahren unterlassen hat zu tun. Wenn sich das, was mich in diesen Nächten nicht schlafen läßt, am Tag und in der hellen Sonne als tragfähig erweist, werde ich sehr bald in eine umfangreiche Beschwörung der Vergangenheit zurücktauchen können und in einigen Monaten mit einem dicken Manuskript nach Europa fahren. Glauben Sie aber ja nicht, lieber Vater Freud, daß ich außer Ihnen und Feuchtwanger noch viele Anziehungspunkte drüben habe. Denn heute kommen meine Kinder heim, die Wohnung ist wunderschön, und es gefällt uns schon sehr. Wenn Ihr Sohn Martin[1] kommt, worauf wir uns freuen, kann er Ihnen alles selber schildern. Und nun: alles, alles Gute von Haus zu Haus!

Ihr Zweig

---

[1] Martin Freud, 1889–1967, Freuds ältester Sohn.

Lieber Meister Arnold

Also ein neues Stück haben Sie in der Eile fertig gemacht, eine
Episode aus dem Leben dieses großartigen Lumpen Napoleon,
der an seine Pubertätsphantasien fixiert, von unerhörtem
Glück begünstigt, durch keinerlei Bindungen außer an seine
Familie gehemmt, wie ein Nachtwandler durch die Welt geflattert ist, um endlich im Größenwahn zu zerschellen. Es war
kaum je ein Genie, dem alle Spur des Vornehmen so fremd
war, ein so klassischer Anti-Gentleman, aber er hatte großartiges Format.

Neugierig, wie es bei Ihnen aussieht. Meine Kenntnisse über
Nietzsche überschätzen Sie sehr. Ich weiß Ihnen auch darum
nichts zu sagen, was Sie brauchen könnten. Vor dem Nietzsche-
Problem stehen für mich zwei Wächter, die mir den Eingang
verwehren. Erstens, man kann einen Menschen nicht durch-
leuchten, wenn man seine Sexualkonstitution nicht kennt, und
die Nietzsche's ist völlig rätselhaft. Es geht selbst die Sage, er
sei passiv homosexuell gewesen und habe sich die Lues in einem
italienischen Männerbordell geholt. Ob es wahr ist? Quien
sabe? Zweitens, er hatte eine schwere Krankheit, und nach langen Vorboten brach die Paralyse bei ihm aus. Konflikte hat ein
jeder. Wenn einer eine Paralyse hat, treten die Konflikte in der
Ätiologie weit zurück. Ob es dem Dichter erlaubt sein soll, die
groben Tatsachen der Pathologie umzuphantasieren? Ich weiß
es nicht, Dichter pflegen nicht lenksam zu sein.

Die Ereignisse in Deutschland erinnern mich auf dem Weg des
Kontrastes an ein Erlebnis aus dem Sommer 1920. Es war der
erste Kongreß außerhalb unseres Kerkers im Haag. Wie liebenswürdig unsere holländischen Kollegen gegen die verhungerten und verluderten Mitteleuropäer waren, tut noch heute
wohl zu erinnern. Am Ende des Kongresses gaben sie uns ein
Diner von echt holländischer Üppigkeit, für das wir nichts zahlen durften, aber wir hatten es auch verlernt zu essen. Als die

Hors d'œuvres gereicht wurden, schmeckten sie uns allen, und dann waren wir fertig, mehr konnten wir nicht nehmen. Und nun der Gegensatz! Nach den Nachrichten vom 30. Juni hatte ich nur die eine Empfindung: was, nach der Vorspeise soll ich vom Tisch aufstehen! Und dann kommt nichts nach! Ich bin noch hungrig.

Mein Sohn hat seine Haupthilfskraft im Verlag durch Erkrankung an Kinderlähmung verloren und wird den beabsichtigten Ausflug nach Palästina nicht machen können. Aber wenn Sie nach Wien kommen, auch noch mit einem Roman-Manuskript beladen, werden Sie willkommen sein

Ihrem Freud

P. S. Gruß an die Damen.

Carmel, Beth Moses
12. August 34

Lieber Vater Freud,

Ich weiß nicht, wie lange ich Ihren wunderbaren Napoleon-Nietzsche-Brief schon habe. Im Grunde bin ich mit Ihnen immerfort in Kontakt, jede analytische Stunde besorgt das. Aber was haben wir beide davon, Sie und ich? Ich war zu dumm und schüchtern, Sie zu bitten, meinen analytischen Bestand aufzunehmen; auch kamen die störenden Symptome des Rückrutsches erst in Palästina so recht heraus. Aber wenn ich in Wien geblieben wäre...! Ich wünsche es nur in diesem Zusammenhang, dem mit Ihnen. Sonst konnte man als verjagter Fremder nur klug daran tun, weit weg vom deutschen Sprachbereich zu gehn, hierher also, wo man das jüdisch-nationale Vorurteil loswird wie ein Hund die Flöhe, wenn er ins Wasser geht. Aber es bleibt genug Positives übrig – Menschliches, in vielen Milieus geformt, uns das Leben hier vorteilhaft erscheinen zu lassen. Jedenfalls kann ich gut arbeiten, und wo in Europa könnte ich das jetzt? Leider senden mir die Theaterleute mein Manuskript von ›Bonaparte in Jaffa‹ nicht wieder – wir haben schon dreimal danach geschrieben, das einzige Ms. aus meinem Besitz bei den Theaterleuten, die ja Kinder sind,

97

narzißtisch und verspielt und unzuverlässig... Ich schicke morgen einen Bekannten in Tel Aviv hin, er muß es ihnen entreißen. Dann laß ich es abschreiben, und Sie kriegen eine Kopie. Dann werden Sie sehen, was mein Bonaparte ist, ein Mann von 29 Jahren, ehrgeizig, dem Moment ergeben, durchaus noch nicht unanständig und dabei gewissenlos – und großes Format. – Hoffentlich können Sie diese Spinnenschrift lesen. Mein guter Füllhalter nämlich wurde mir vom Schreibtisch weg gestohlen, wie vorher Dita ein Photoapparat aus dem Schrank, während des Einzugs in die Wohnung, wie nachher, vor 3 Wochen, durchs Fenster, aus meinem Parterre-Atelier, Lilys schöne neue Schreibmaschine, mein Hochzeitsgeschenk an sie. Aber da wir viel mehr ausgeben als einnehmen, behelfe ich mich vorläufig mit meinem Korrekturen-Federhalter. Die Schrift wird bloß zu dünn und zittrig, sie drückt weniger aus, wie ich bin, als was ich jetzt habe. Das »bin« ist fleißig, im Tiefsten unklar, produktiv, in guten analytischen Fortschritten, im Umbau.

Wissen Sie noch, daß Sie die Hitler-Morde mit den Vorgerichten des holländischen Kongresses verglichen und zwar aus dem Gegenteil? Nun ist inzwischen ein besonders scheußliches Nachgericht[1] serviert worden, bei Ihnen selbst: Was für Zeitgenossen haben wir! Ist Sinigaglia[2] nicht längst überboten? Hätten wir uns das träumen lassen? Sie zwar brauchen über die Natur des Menschen nicht umzulernen. Unsereiner aber muß immerfort umdenken. Das also sind Deutsche, Österreicher – die Alpenländler wie die Schlesier, die Berliner wie die Rheinländer. Das hat der Krieg aus ihnen herausgeholt, von ihnen übriggelassen. (Auch dieser Halter taugt nichts, geborgt.) Meine ganze Schreiberei muß auf neue Füße gestellt werden, dazu arbeite ich an dem Roman, der schon so viele Jahre in der Form liegt. Wie wird das Ergebnis werden? ›Er-

[1] Die Ermordung des Kanzlers Dollfuß.
[2] Dort ließ Cesare Borgia im Jahre 1502 die Condottieri, die sich gegen ihn verschworen hatten, unter dem Vorwand einer Verständigung ermorden.

ziehung vor Verdun‹ heißt das Thema, und es erlaubt zum Glück, eine Haut nach der anderen abzuziehen und schließlich das Präparat in Händen zu halten. Der Nietzsche muß darüber langsam reif schmoren. Jedes Wort, das Sie dazu sagen, ist mir Gold wert. Ich will ihn nämlich gar nicht weiter klären als durch frühe Anekdoten mit Eltern und Schwester. Dann will ich die Sache selbst gestalten, in aller Undurchsichtigkeit. Soweit ich jetzt sehe, hat er nur einen höchst gesteigerten Zug: Angst, von der Familie verschlungen zu werden, vor allem von Lisbeth. Und gerade das tritt ein – ungeheuerlich, so sehr, daß von ihm nur die leergefressene Käferhülse übrig bleibt. Mutter und Schwester fressen ihn auf, das Bismarck- und das Nazideutschland, alles, was er verachtet. Und seine Grundgedanken werden alle ad absurdum geführt, das Laute, Wagnerische seines Heroenkults, die Zarathustra-Lisztmusik, der Anti-Sozialismus, alles. Übrig aber bleibt die Person, der wunderbar reine Wesenskern, die Höflichkeit des Herzens, die Sanftheit der Sitten, das stille Leuchten, der halkyonische Nietzsche, kein Dionysos, ein Mensch, ein zarter sehnsüchtiger Werber um die entschwundene Ariadne und eine Inselwelt des Herzens und des Geistes, die in der völlig versunkenen Seele bruchstückhaft geistert. Das wird mit der hymnischen Einsamkeit des Zarathustra konfrontiert werden, das wird die bleibende Nietzsche-Musik werden, ein Brahmsquartett verglichen mit dem Tristan-Getöse des Zarathustra. Und um ihn, über ihm: Lisbeth mit dem Haardutt und der Betriebsamkeit, die Spinne, die das Männchen gefressen hat und selbst das Männchen ist. Ach, ich brauchte viele Leben, um alles zu produzieren, was in mir spektakelt... Was soll ich lesen, um Ihre Lehre von der Psychose zu verstehen, abgesehen von Dr. Schreber[1], den ich kenne? Wo vor allem finde ich was über die Paralyse selbst? Lieber Vater Freud, ich sorge mich nicht um Sie, weil ich die Entwicklung

[1] S. F. ›Psychoanalytische Bemerkungen über einen autobiographisch beschriebenen Fall von Paranoia (Dementia paranoides)‹. (1911) G. W. VIII, S. 239 ff.

bei Ihnen jetzt ziemlich gesichert glaube. Aber vorsichtig sind
Sie doch, nicht wahr? Grüßen Sie all die Ihren, besonders Frau
Anna, sie wird ja von Dr. Eitingon[1] hören, wie nötig hier Ihre
und ihre Kunst ist, und lassen Sie bald wieder Ihre Schrift
sehn Ihren

Zweig

Mein Haus und Lily grüßen sehr.

Haifa, Carmel, 23. 9. 34

Lieber Vater Freud,

der zwölfte Band ist da! Hallelujah, jetzt kann ich wieder das
Unbehagen[2] lesen! Gleich habe ich mir den Dostojewski-Auf-
satz[3] vorlesen lassen und mich über das schöne Lob geärgert,
das Sie dem Stefan Zweig spenden – der jetzt ein Herr über
den Parteien sein möchte. Aber ich habe weit Wichtigeres mit-
zuteilen, weit Erfreulicheres selbst als den Dank für diese wunderbare geistige Gabe.

Die Analyse geht nämlich voran, und es ist ein Wunder einge-
treten: die Amnesie ist besiegt. Etwas nie Erinnertes ist erinnert worden, nämlich im Traum. Ein Traumsatz behauptete:
mir seien die Mandeln herausgenommen worden. Nie hatte ich
davon etwas gewußt. Im Erwachen gegen 1/2 6 früh sann ich
ganz betroffen darüber nach und erinnerte mich jetzt, daß ein
Arzt auf der Halsstation in München 1908 behauptet hatte,
man müsse mir die Mandeln gekappt haben, ich besäße nur
noch Reste. Ich habe damals behauptet, das sei unmöglich, da
ich mich ja nicht daran erinnerte. Nun schlief ich wieder ein
und träumte von einer blonden Frau, deren Namen mir ent-
fallen war, und einem kleinen Mädel, an deren Namen ich
mich auch nicht genau erinnerte. In der Analyse fiel mir zunächst ein, unser Arzt habe Dr. Reichmann geheißen. Dann
kam ich auf den Namen der blonden Frau: sie hieß Frau Bo-

---

[1] Dr. med. Max Eitingon, Berliner Psychoanalytiker, später Jerusalem.
[2] S. F. ›Das Unbehagen in der Kultur‹. (1930) G. W. XIV, S. 419 ff.
[3] S. F. ›Dostojewski und die Vatertötung‹. (1928) G. W. XIV, S. 396 ff.

gatzky, und das kleine Mädel war eine Freundin unseres Michi, die Schwester eines kleinen Jungen namens Richard. Und was hatte Dr. S. dazu zu sagen? »Bogaty« heißt russisch »ein Reicher«, bogatzky entspräche ziemlich genau, etwas polonisiert, dem Namen Reichmann, und ein richard ist englisch ebenfalls ein »reich mann«! Sie müssen wissen, daß ich auf der Schule etwas Russisch gelernt habe – 2 Jahre lang.

Ist das nicht was Großes, Vater der Analyse?

Ich verstand seit langem, daß Sie auf meinen letzten Brief so schwiegen. Ich war trotzdem mit Ihnen in bester Verbindung, und Dr. S. versteht seine Sache – das merk ich auch an der Arbeit, und Sie sollen es am Roman auch merken. Inzwischen sende ich Ihnen den ›Bonaparte in Jaffa‹, damit Sie ein richtiges Lebenszeichen von mir haben. Den fünften Akt habe ich neu gemacht, erst vor 10 Tagen erfunden und diktiert. Jetzt ist das Stück geschlossen, obwohl ich hier und da noch ein paar kleine Nägel einzuschlagen gedenke. Wissen Sie jemanden, der es an eine gute Wiener Bühne bringen könnte? Oder gibts das bei euch schon nicht mehr? Ich möchte gern etwas Geld damit verdienen und das Stück sehn, wenn ich nach Beendigung des Romans zu Euch komme. Falls da nicht gerade Krieg ist. Großer Himmel, ist der Mensch ein Trümmerfeld! Es ist herrlich, daß Sie noch in einer Zeit aufwuchsen, in der ein großer Kerl ganz bleiben und nach allen Seiten wachsen konnte. Gehts Ihnen gesundheitlich gut? Alles, alles Schöne zu Haus und in den Büchern, der Arbeit, den Sammeldingen!

Wie stets Ihr   Zweig

nicht mehr lange Wien xix, Straßergasse 47
30. 9. 1934

Lieber Meister Arnold

Ich antworte unmittelbar unter dem Eindruck der Sorge, daß Ihr Bonapartestück sich auf der Reise verloren haben könnte. Aber es kann wohl noch kommen. Sie wollen wissen warum ich Ihnen solange nicht geschrieben habe? Nein, Sie wissen es nicht. Vielleicht vermuten Sie – und dann nicht ganz mit Unrecht –, daß ich Sie durch meinen fortgesetzten Einspruch gegen Ihren Nietzsche-Plan nicht länger stören wollte, aber der Hauptgrund war doch ein anderer. Ich habe nämlich in einer Zeit relativer Ferien aus Ratlosigkeit, was mit dem Überschuß an Muße anzufangen, selbst etwas geschrieben[1], und das nahm mich gegen ursprüngliche Absicht so in Anspruch, daß alles andere unterblieb. Nun freuen Sie sich nicht, denn ich wette, Sie werden es nicht zum Lesen bekommen. Aber lassen Sie sich erklären, wie das zugeht.

Der Ausgangspunkt meiner Arbeit ist Ihnen vertraut; es war derselbe wie für Ihre ›Bilanz‹. Angesichts der neuen Verfolgungen fragt man sich wieder, wie der Jude geworden ist und warum er sich diesen unsterblichen Haß zugezogen hat. Ich hatte bald die Formel heraus. Moses hat den Juden geschaffen, und meine Arbeit bekam den Titel: Der Mann Moses, ein historischer Roman. (Mit mehr Recht als Ihr Nietzsche-Roman). Das Zeug gliederte sich in drei Abschnitte, der erste romanhaft interessant, der zweite mühselig und langwierig, der dritte gehalt- und anspruchsvoll. An dem dritten scheiterte das Unternehmen, denn er brachte eine Theorie der Religion, nichts Neues zwar für mich nach ›Totem und Tabu‹, aber doch eher etwas Neues und Fundamentales für Fremde. Die Rücksicht auf diese Fremden heißt mich dann den fertigen Essay sekretieren. Denn wir leben hier in einer Atmosphäre katholischer Strenggläubigkeit. Man sagt, daß die Politik unseres Landes von einem Pater Schmidt[2] gemacht wird, der in St. Gabriel bei Mödling lebt, der Vertrauensmann des Papstes ist und zum Unglück selbst ein Ethnolog und Religionsforscher, der in seinen Büchern aus seinem Abscheu vor der Analyse und besonders meiner Totemtheorie kein Geheimnis macht. In Rom

[1] S. F. ›Moses ein Ägypter?‹ (1937), später erweitert zu ›Der Mann Moses und die monotheistische Religion‹. (1939) G. W. XVI, S. 101 ff.
[2] Wilhelm Schmidt, 1868–1954, Ethnologe, wurde 1927 Direktor des Päpstlichen Ethnologischen Museums am Lateran.

hat mein braver Edoardo Weiß[1] eine psychoanalytische Gruppe gegründet und mehrere Nummern einer Rivista Italiana di Psicóanalisis herausgebracht. Plötzlich wurde ihm diese Veröffentlichung untersagt, und obwohl Weiß einen guten Zugang zu Mussolini hatte und von ihm eine günstige Zusage erhielt, konnte das Verbot nicht aufgehoben werden. Es soll direkt vom Vatikan ausgehen und der Pater Schmidt dafür verantwortlich sein. Nun darf man wohl erwarten, daß eine Publikation von mir ein gewisses Aufsehen machen und der Aufmerksamkeit des feindlichen Paters nicht entgehen wird. Damit würde man ein Verbot der Analyse in Wien und die Einstellung aller unserer Arbeiten hier riskieren. Beträfe die Gefahr nur mich, so würde sie mir wenig Eindruck machen, aber alle unsere Mitglieder in Wien erwerbslos zu machen, ist mir eine zu große Verantwortlichkeit. Und dahinter steht, daß mir meine Arbeit weder so sehr gesichert scheint noch so sehr gut gefällt. Es ist also nicht der richtige Anlaß zu einem Martyrium. Schluß vorläufig!

Von meiner sogenannten Gesundheit will ich lieber nicht viel sagen. Sie gestattet mir wenigstens, meine bisherige Berufstätigkeit fortzusetzen. Wenn diese herrlichen Herbsttage vorüber sind, ziehen wir in die Berggasse.

Die Kostprobe aus Ihrer Analyse ist recht schmackhaft; hoffentlich bleibt es nicht bei solchen Proben. Wenn Ihr Stück ankommt, werde ich die daran geknüpfte Frage der Verwertung Martin vorlegen. Viel Beziehungen zu Theaterkreisen haben wir nicht. Ihre persönliche Anwesenheit wird da kaum zu entbehren sein. Es schaut freilich nicht gut aus in unseren Zeiten, aber denke ich unter dem Eindruck Ihrer Bemerkungen an die Zeit zurück, in der ich aufwuchs, so bringe ich es auch zu keinem rechten Bedauern, daß sie vorüber ist. »Gehupft wie gesprungen« pflegt man zu sagen.

[1] Dr. med. Edoardo Weiß, italienischer Psychoanalytiker, später USA.

Bis ich wieder von Ihnen höre, werde ich mich freuen anzunehmen, daß es Ihnen mit den Ihrigen wohl geht.

Herzlich Ihr   Freud

Carmel, 11. Okt. 34

Lieber Vater Freud,

was Sie diesmal schreiben, entzückt und betrübt mich in einem. Daß Sie wieder etwas von dem niedergelegt haben, was sich Ihrer Erkenntnis und nur Ihrer erschließt, ist für uns alle ein so unschätzbarer Fund, daß Sie ihn nicht ganz allein für sich behalten dürfen. Andererseits haben Sie natürlich mit jedem Wort recht, daß Sie über die zu vermeidende Gefährdung der Analyse sagen. Ich mache Ihnen also den Vorschlag eines Privatdruckes mit numerierter beschränkter Auflage, die öffentlich nicht einmal angekündigt wird. Ein fester Abnehmerkreis zur Deckung der Druckkosten ist ja durch die Gesellschaft gesichert, und wenn Sie wollen, lassen Sie das Ms. hier drucken und sind aller Sorgen ledig. Wozu noch die Pikanterie käme, daß der Druckort Jerusalem hieße. Und dann bekämen wir hierher schnellstens ein Tippscript und hätten die große Ehre und Freude, Ihre ersten Leser zu sein. Also? Lieber Vater Freud: nach den Kostproben, die Sie von Aufbau und Inhalt andeuten, sind wahrscheinlich nirgendwo Druckwerte fertig, die so leidenschaftlich erwartet werden wie Ihr »historischer Roman«.

Den Bonaparte schick ich erst jetzt ab. Ich mußte ihn noch ein bißchen liegen lassen, weil ich die »nachträglichen Einfälle« abwarten mußte. Ich freue mich auf Ihre Kritik; Ihr Urteil ist mir einfach unersetzlich, weil es ja keine öffentliche Kritik mehr gibt und die Gesamtheit der öffentlichen Meinung gerade ausreichen würde, um Ihr Votum aufzuwiegen, wenn ich es nicht annehmen könnte. Als Sie ›Laubheu‹ so genau und klar verurteilten, taten Sie mir einen Dienst, Sie brachten mich davon ab, noch Zeit an ein Ding zu setzen, das nicht Fleisch noch Fisch war. Also: »immer ran an'n Speck« – wie meine Soldaten sagen.

Barthous[1] Ermordung wirft den Hebel der nächsten Zeit herum. Es ist furchtbar: die Gewalt hilft der Gewalt, die Dummheit der Dummheit. Ich war ganz erledigt gestern. Die Südslawen haben offenbar eine sehr böse Geschichte hinter sich, um so böse Geschichte machen zu müssen. Obwohl Hitler der einzige Nutznießer ist, wird es doch schwer sein, zu beweisen, er habe seine Hand im Spiele. Aber wenn das auch nur in Andeutungen nachweisbar wäre, könnte ein neuer Sturzbach von Ereignissen losbrechen und diese Epoche Hitler beenden. Aber werden wir so viel Glück haben? Ich wünsche Ihnen weiter den herrlichsten Herbst (wie wir ihn haben) und grüße Ihr ganzes Haus, besonders Ihre Anna, von der ich mir Hilfe beim Druckplan verspreche.

Immer Ihr   Zweig

Analytika das nächste Mal.

Wien, 14. X. 1934

Zurück in die Berggasse. ›Bonaparte in Jaffa‹ nicht angekommen.

Herzlich Fr.

Wien IX, Berggasse 19
20. X. 1934

›Bonaparte‹ angekommen, gut zu lesen, werde das Manuskript anderen zu lesen geben. Dank für Ihrer Vorschläge zum »Historischen Roman«. Es wird nicht gehen.

Herzlich Ihr Fr.

[1] Jean L. Barthou, 1862–1934, französischer Außenminister im Kabinett Doumergue, wurde zusammen mit König Alexander von Jugoslawien von einem Kroaten in Marseille ermordet. Betrieb eine antinationalsozialistische Politik, die erst nach seinem Tode zum französisch-russischen Bündnis führte.

Lieber Vater Freud,

Ihre beiden Karten freuten mich, wie jedes Zeichen Ihrer Hand; aber ich hoffe doch, daß Sie den Bonaparte selber lesen werden und etwas Spaß daran haben. Die praktischen Dinge sollten und sollen erst in zweiter Linie erledigt werden, da gibts eine Agentur mit dem scharfen Namen Pfeffer, auch andre Anknüpfungen, z. B. die Wiener Kammerspiele Erich Ziegels – das sind keine Sorgen. Sorgen machen mir nur der Gedanke, daß Sie die Situation so bedrohlich für die Analyse einschätzen. Eitingon, dem ich Ihre Mitteilungen vertraulich weitergab, möchte die Gefahr abschwächen, indem er argumentiert: wenn ›Totem und Tabu‹, wenn die ›Zukunft einer Illusion‹ den Pater Schmidt nicht auf den Plan bringen, dann kann es der Moses-Roman auch nicht. Aber eines ist ein längst erschienenes Buch, ein anderes ein eben jetzt als Novum auftretendes. An ihm kann das Ärgernis akut werden, darin muß ich Ihnen schweren Herzens beipflichten. Aber: ist dieses Ärgernis unvermeidlich? Könnten Sie nicht ein Moses-Ms. hierhersenden? Nach Eitingons Berichten muß es von aufregender Kühnheit sein; und was Sie selbst andeuteten, macht mich ganz wild bei dem Gedanken, daß wir so auf den Hund gekommen sein sollen, daß Sie, wie Grillparzer die Libussa[1], eine solche Arbeit im Schubkasten lassen wollen. – Ich fahre morgen nach Tel Aviv, Dita stellt eine kleine Kollektion ihrer Arbeiten aus, und wenn ich zurück bin, wird hoffentlich der Widerstand überwunden sein, mit dem Dr. S. und ich uns eben herumschlagen und der bestialisch ist. Dann hören Sie mehr von Ihrem

A. Z.

---

[1] ›Libussa‹ wurde erst nach dem Tode Grillparzers, 1873, veröffentlicht.

Lieber Meister Arnold

Soeben haben Pfeffers um Ihren Bonaparte telephoniert. Ich habe ihn natürlich mit viel Genuß gelesen. Als Charakterstudie hat er mich sehr befriedigt. Ob er von einer Bühne herab wirksam sein kann, weiß ich nicht zu beurteilen. – Einen Einwand will ich nicht zurückhalten: es erscheint allzu und ungerechterweise grausam, indem es eine Lage aufgreift, in der das Empörende, Inhumane des Kriegszustandes weit über das Verschulden der Einzelperson manifestiert wird. In einem der Kämpfe Cäsars in Gallien ereignete es sich, daß die Belagerten (war es Alesia) und Vercingetorix[1] nichts mehr zu essen hatten. Sie trieben dann ihre armen Weiber und Kinder aus in den Zwischenraum zwischen der Festung und dem belagernden Römerheer, wo die Armen elend verhungerten zwischen den ihrigen, die ihnen nichts geben konnten und den Feinden, die nichts geben wollten oder vielleicht auch nicht viel hatten. Es wäre barmherziger gewesen, wenn sie sie in der Stadt umgebracht hätten. Von solchen Entscheidungen wendet man sich schaudernd und ohne Parteinahme ab. Es ist, wie wenn Schiffbrüchige sich entschließen, einen aus ihrer Mitte zu schlachten. Übrigens sollte ich Ihnen nicht schon einmal die analytische Aufklärung des phantastischen Zugs nach Ägypten gegeben haben? Ich würde es bedauern, mich zu wiederholen. Napoleon hatte einen großartigen Josef-Komplex. Sein älterer Bruder hieß so, und er mußte eine Frau heiraten namens Josephine. Die ungeheure Eifersucht gegen den älteren Bruder hatte sich unter dem Einfluß der Vateridentifizierung in heiße Liebe verwandelt, und der Zwang übertrug sich dann auf die Frau. Er aber mußte Josef in Ägypten spielen, der unverbesserliche Phantast, und versorgte dann auch später die Brüder in Europa, als ob ihm die Eroberung von Ägypten geglückt wäre.

[1] Vercingetorix leitete 52 v. Chr. die letzte große Erhebung der Gallier gegen Caesar und wurde nach dem Sieg 46 v. Chr. hingerichtet.

Übrigens verdanken wir diesem Narrenstreich Napoleons die Entzifferung der Hieroglyphen.

Eitingon habe ich geschrieben, daß Ihre Auffassung von der Unmöglichkeit, meinen Moses gefahrlos erscheinen zu lassen, im Recht ist. Aber die Gefahr, obwohl real genug, ist nicht die einzige Abhaltung. Ärger ist, daß der historische Roman vor meiner eigenen Kritik nicht besteht. Ich verlange doch mehr Sicherheit und mag nicht, daß die mir wertvolle Schlußformel des Ganzen durch die Montierung auf eine tönerne Basis gefährdet wird. Also legen wir es beiseite. Mit herzlichem Gruß und besten Wünschen für die Lösung Ihrer Widerstände

Ihr Freud

Wien IX, Berggasse 19
16. XII. 34

Lieber Meister Arnold

Huh, was für Häufung von Entwürfen und Projekten, das klingt ja fast wie manisch. Ist es Ihre Analyse, die all dies in Ihnen entfesselt? Kann das alles ausgeführt werden? Und meine Sorge, daß Ihr Kriegsroman zu spät kommen, das Interesse versäumen, das schon vom nächsten Krieg in Anspruch genommen wird? Nebenbei, unlängst fand ich in einem Buchhändler-Katalog ›Die Erziehung vor Verdun‹ angezeigt. Wenn sie schon erschienen wäre, müßte sie doch zu mir gekommen sein, nicht wahr?

Ihre Schilderung, wie die Zustände im Heiligen Land den Widerstand gegen die Analyse unterstützen, ist sehr eindrucksvoll. Aber Sie lassen sich nicht abhalten. Man erlebt doch mehr als in dem Negerdorf Berlin.

Mit dem Moses lassen Sie mich in Ruhe. Daß dieser wahrscheinlich letzte Versuch, etwas zu schaffen, gescheitert ist, deprimiert mich genug. Nicht daß ich davon losgekommen wäre. Der Mann, und was ich aus ihm machen wollte, verfolgt mich unablässig. Aber es geht nicht, die äußeren Gefahren und die inneren Bedenken erlauben keinen anderen Ausgang des Versuchs. Ich glaube, mein Gedächtnis für rezente Vorgänge ist nicht mehr verläßlich. Daß ich Ihnen in einem früheren Brief genug darüber geschrieben habe, daß Moses ein Ägypter ist, ist nicht das Wesentliche, obwohl der Ausgangspunkt dafür. Es ist auch nicht die innere Schwierigkeit, denn es ist so gut wie gesichert. Sondern die Tatsache, daß ich genötigt war, ein erschreckend großartiges Bild auf einen tönernen Fuß zu stellen, so daß jeder Narr es umstürzen kann.

Ich gehe durch gesundheitlich schlechte Zeiten. Man gibt mir Radium ins Maul, und ich reagiere auf das Teufelszeug mit den greulichsten Beschwerden. Oft denkt man, le jeu ne vaut pas la chandelle. Man fühlt sich schlecht. Vorsätze helfen wenig gegen die unmittelbare, unzweideutige Empfindung.

Dieser Brief kommt wahrscheinlich zurecht, Ihnen und den Ihrigen herzliche Weihnachtsgrüße zu bringen.

Immer Ihr   Freud

Haifa, Carmel, 25. Dez. 34

Liebster Vater Freud,

seit vielen Tagen denke ich immerfort an Sie, träumte auch von Ihnen und war sehr klar darüber, daß ich Ihnen mit der nächsten Flugpost einen Brief schreiben würde, der meinen Glückwunsch fürs nächste Jahr zu Ihnen rechtzeitig bringen könnte. Heut nun kommt Ihr teurer Brief vom 16. Sie leiden wieder! Ich habe viel zu große Achtung vor der persönlichen Leistung im Kampfe mit Ihrer Krankheit, um darüber sprechen zu können. Was Sie aber getragen haben und noch ertragen, ist für uns getan, und die liebliche Gewohnheit des Atmens, so schwer erkämpft, ist eine Arbeit mehr, die Sie den übrigen helfenden und erhellenden Taten Ihres Lebens hinzufügen. Wenn Sie also das Radium in Ihrem Munde quält, quält uns der Abglanz Ihrer Widrigkeiten in der Phantasie, und wir drücken Ihnen nur noch dankbarer die Hände. Wenn nun 1935 Ihnen leichter wird als das Ende 34, wenn Ihre unermüdliche Schöpferlaune wieder einmal zu sprechen beliebt und den Moses, den wir stets erwarten werden, durch eine oder die andere Gestalt ablöst, dann – und auch ohne das! – freuen wir uns Ihrer Gegenwart in der Ferne und grüßen Sie voller Dank und Freude. Was nun Ihre Frage nach ›Erziehung‹ anlangt: das Buch ist natürlich noch weit vom Druck, und die Buchhändler legen Eier, bevor das Huhn angefangen hat zu drücken. Eben arbeite ich es ein letztes Mal durch – sobald es eine leibliche Gestalt hat, kriegen Sie es zuallererst, das wissen Sie doch. Es ist mir viel zu breit geraten, ich muß am Anfang und in der Mitte scharf kürzen und streichen. Dafür sind Dank der Analyse die letzten Partien, das letzte Drittel, wirklich geraten, und ich könnte sie schon jetzt vor Ihren Augen wissen, ohne zu erröten. Ein Setzer namens Pahl, ein Pionierleutnant Eberhard Kroysing und eine Krankenschwester Kläre empfehlen sich Ihnen, nicht zu reden von W. Bertin und einer Masse irdischer Geschöpfe. Wenn aber manisch ist, was ich Ihnen an Plänen unterbreite, so kann ich nichts dagegen tun. Mir fallen immerfort große und kleine Pläne ein. Kleine – wie der Bonaparte oder das beiliegende Gedicht – werden ausgeführt, große lange getragen oder vertagt, unhaltbare wieder aufgesogen.

27. 12. Nun regnet es wieder und blitzt stark, nachdem gestern ein Tag war, wie ihn der reinste Frühling nicht hervorbringt, alles von frischem Grün funkelnd und der Himmel leicht und blau wie ein Traum. Wir pflücken schon Narzissen und Alpenveilchen an den Südhängen, Krokus und Herbstzeitlose blühen gleichzeitig im November oder Anfang Dezember, in Daganja, am Kinerethsee, blühen jetzt ganz toll die Rosen, ich sah einen Strauß bei Dr. S., der konsequent und gut arbeitet und mir sehr hilft. Ich merke es an der Arbeit und an den Kindern. Sie sind beide etwas nervös gewesen, ziehn sich aus der Umwelt zurück, der ältere in Bücher, der kleine in Träume, und lieben unser Zuhause mehr als gut ist. Aber in letzter Zeit kriegen sie wieder Lust, umherzustrolchen, die sie in den Heimen auch hatten, in jener Zeit, als wir noch keine Wohnung besaßen.

Und nun noch ein paar Worte zum Herrn Jesus. Das Gedicht[1], das beiliegt, ist nur ein Spaß aus vergangenen Epochen, in denen man so etwas deutsch drucken konnte. Wenn Sie es behalten wollen, freue ich mich. Für die Völker scheint dieses Symbol des geopferten Sohnes eine Zeit hindurch nötig zu sein. Für den geopferten Stier des Serapis, für die Mithras-Mysterien hätten die Massen wohl weniger Sinn gehabt und wären noch roher geblieben. Es ist in der Jesusfigur nichts von irgendeiner Realität, und daher hat sie offenbar, wie die Pubertätsliteratur, die Möglichkeit, zur Bildung des Über-Ichs beizutragen, Strebungen des Opferwillens aufzunehmen und den Masochismus zu sublimieren. Und damit sage ich Ihnen und Ihren Lieben zum letzten Mal in diesem Jahre des Elends 1934 auf Wiedersehen und Wiederschreiben und bin in guten und bösen Tagen Ihr getreuer

Arnold Zweig

PS: Sie haben mich auf dem Kuvert wieder promoviert, von Ihnen nehm ich den Doktor gern an!

Haifa, Mount Carmel
House Dr. Moses
5. II. 35

Lieber Vater Freud,

wenn ich nicht aus Jerusalem Anfang Januar schon gehört hätte, daß es Ihnen gut geht und daß sich also die Quälerei mit dem Radium gelohnt hat, wäre ich längst sehr unruhig mit einer Anfrage wie dieser hier zu Ihnen gekommen. Ich habe Ihnen nämlich zu Neujahr geschrieben und ein Gedicht eingelegt ›Die Schöpfungsromanze‹, von der ich nur einen Abdruck besaß. Haben Sie das Werkchen bekommen? Ich selbst bin ununterbrochen eingespannt, um den Roman, der mir zu breit geraten ist, zu kürzen, durchzuarbeiten und zu feilen, soweit mir meine Augen dabei dienen. Das linke ist nämlich wegen

[1] A. Z. ›Die Schöpfungsromanze‹. Berlin, Die Weltbühne, 1928.

der Überanstrengung zur Zeit mit mir verzankt und das rechte
noch immer nicht wieder vom Urlaub zurück. Aber der Widerstand ist eingekreist.

Herzlich Ihr   Zweig

Wien ıx, Berggasse 19
13. 2. 1935

Lieber Meister Arnold,

Es ist richtig, ich habe Brief und Schöpfungsgedicht erhalten
und nicht beantwortet. Warum eigentlich nicht? Der Brief
hatte mich doch sehr erfreut. Vielleicht gerade darum. Die
Frühlingsschilderung machte mich traurig, neidisch. Es steckt
noch soviel Genußfähigkeit in mir, also Unzufriedenheit mit
der notgedrungenen Resignation. Es ist grimmiger Winter in
Wien, ich bin seit Monaten nicht ausgegangen. Ich finde mich
auch schwer in die Rolle des für die Menschheit leidenden He-
ros, die Ihre Freundschaft mir offeriert. Meine Stimmung ist
schlecht, mir gefällt sehr wenig, meine Selbstkritik hat sich
sehr verschärft. Senile Depression würde ich an einem anderen
diagnostizieren. Ich sehe eine Wolke von Unheil die Welt über-
ziehen, selbst meine kleine eigene Welt. Ich muß mich mah-
nen, der einzig schönen Tatsache zu gedenken, daß meine
Tochter Anna gegenwärtig so gute analytische Funde macht
und in – wie alle sagen – meisterhaften Vorträgen darüber berichtet. Eine Mahnung also, nicht zu glauben, daß mit meinem
Tod die Welt untergehen wird.

Den Doktortitel gebe ich Ihnen also nicht mehr, dafür Ihrem
Hausherrn?[1]

Meinem eigenen Moses ist nicht zu helfen. Wenn Sie einmal
wieder nach Wien kommen, dürfen Sie gern dies zur Ruhe
gelegte Manuskript lesen, um mein Urteil zu bestätigen.

Ihr Schöpfungsgedicht lasse ich zu Ihnen zurückgehen, da es
nur in dem einen Exemplar vorhanden ist. Es scheint mir zuviel Ehre für den rohen Vulkan- und Wüstengott, der mir im

[1] Arnold Zweig lebte im Hause des Zionisten Dr. Siegfried Moses.

Laufe der Mosesstudien besonders unsympathisch und meinem jüdischen Bewußtsein fremd geworden ist. In meinem Text findet sich die Behauptung, daß Held Moses den Namen Jahve nie gehört hat, daß das Volk Israel nie am Sinai-Horeb war, daß sie nie durchs Rote Meer gezogen sind usw.

Überraschenderweise ist der Dr. Ludwig Bauer, über den ich mich bei Ihnen beklagt hatte, verstorben. Nicht, daß es mir nahe ging. Es war nicht allein der journalistische Mißbrauch, den er sich erlaubt hatte, mehr noch die Gemeinheit, die er in seiner Verteidigung an den Tag legte. Es war eine schmerzhafte Enttäuschung, eine mehr.

Nun leben Sie mir recht wohl, geben Sie Nachricht von sich

Ihrem getreuen Freud,

und achten Sie sorgsam auf die zwei lieben Augen.

Haifa, Carmel, 1. März 35

Lieber Vater Freud,

mein linkes Auge ist jetzt schlecht von Überarbeitung, mein rechtes arbeitet noch nicht, ich schreibe also ohne viel hinzusehen, und dann fällt das so aus. Aber das Gefühl, Ihnen was zum Moses und damit zur Quelle Ihrer Verstimmung sagen zu können, ist zu mächtig und meine Dankbarkeit zu aktuell. Bitte lesen Sie Elias Auerbach, ›Wüste und Gelobtes Land‹[1]. Sie werden darin all die Kühnheiten gedruckt lesen, die Sie mir in Ihrem letzten Brief andeuteten – Horeb = Sinai etc. Nur das Historische, aber das gründlich, auf der Basis kritischer und methodischer Bibel- und Quellenkenntnis. Nur den einen Schritt macht Au. nicht, Moscheh zum Mizri zu machen. Eine höchst anregende, aufregende Lektüre, vorzüglich kühl geschrieben. Ich kenne bisher nur die ersten 100 Seiten, aber die interessieren Sie ja vorzüglich. Ich freue mich sehr, Ihnen die-

[1] Elias Auerbach, ›Wüste und Gelobtes Land‹. 2 Bde., Kurt Wolff Verlag, 1932–1936.

ses Buch nennen zu können: nichts von Mythologie, nur der Versuch, Geschichte zu schreiben. Dienstag fahre ich nach Jerusalem. Dort wird mir Eitingon vielleicht etwas über die Funde und Vorträge Ihrer Anna erzählen können. Ich möchte so gern davon etwas wissen, und an Lesen ist nicht zu denken. Meine Arbeit geht munter fort, Lily ersetzt mir meine Augen durch die ihren, ihre Geduld, ihren Eifer, ihre Einfühlung. Dita hat Lampenfieber, stellt in Jerusalem am Dienstag Landschaften aus: Eichkamp, Mondsee, Sanary, Karmel – sehr schöne Sachen. Damit die Sorgen nicht fehlen: es ist schwer, das Budget zu balancieren, und mein Michi, zu schnell gewachsen, hat was am Rippenfell, ist zu mager, die Komplexe rumoren bei ihm. Aber das alles ist noch auszuhalten. Könnten Sie nicht doch noch eine schöne Reise machen – hierher? Grüßen Sie alle, besonders die Damen, von Ihrem

Zweig

Wien ix, Berggasse 19
14. 3. 1935

Lieber Meister Arnold

Ungeduldig ließ ich mir sofort das Geschichtsbuch von Auerbach kommen und fand mich in einer Erwartung enttäuscht und in einem Urteil bestärkt. Meine revolutionären Neuheiten werden von A. nicht geahnt. Weder das Ägyptertum Mosis, noch die Ableitung seiner Religion vom ägyptischen Monotheismus, noch die Verschmelzung seiner Person mit der eines midianitischen Priesters, der 100–150 Jahre nach ihm in Kades die Jahvereligion aufnahm. Noch die Einsicht, daß die wunderbare Rettung aus dem Schilfmeer wie der Zug zum Sinai Phantasien sind und daß Moses den Namen Jahve nicht gekannt hat. Kurz, sein Moses ist nicht mein Moses, er hat die Tradition nicht durchbrochen, um die von ihr unterdrückte Vorgeschichte freizulegen.

Dies die Enttäuschung. Bestärkt wurde mein Urteil über die

Schwäche meiner historischen Konstruktion, die mich von der Veröffentlichung der Arbeit mit Recht abgehalten hat. Der Rest ist wirklich Schweigen.

Spannungsvoll und lustlos laufen die Zeiten zwischen Kommunismus und Faschismus in unserem armseligen Österreich weiter. *Wenn* ich nach Haifa komme, bringe ich den Moses gewiß mit für Sie. Vorläufig beschäftigt uns ein näheres Ziel, die Übersiedlung nach Grinzing. Wir werden unser schönes Haus voraussichtlich nicht wiederbekommen.

Meine Frau ist wohl, meine Schwägerin ist in Meran, meine Tochter und Pflegerin fleißig.

Sie schreiben sehr gut lesbar auch ohne Ihre Augen, denen meine besten Wünsche gelten.

Herzlich Ihr   Freud

                                        Wien IX, Berggasse 19
                                                15. 3. 1935

Lieber Meister Arnold

bei weiterer Lektüre sehe ich, daß die Verwerfung des Spektakels am Sinai sich auch bei Auerbach findet. Aber die Ersetzung des Sinai durch Kades ist nicht mir eigen, sondern ein Ergebnis von Ed. Meyer[1] und Großmann[2].

Herzlich Ihr   Freud

Die Verkennung der Ägyptischen Vorgeschichte in Israels Religionsentwicklung ist bei Auerbach so groß wie in der biblischen Tradition. Auch der gerühmte historische Sinn und die Schriftbereitschaft kann nur ägyptische Anleihe sein.

[1] Eduard Meyer, 1855–1930, Geschichtsforscher des Altertums, Professor in Halle, Breslau, Berlin.
[2] Christian Gottlob Leberecht Großmann, 1783–1857, Professor der Theologie in Leipzig.

Lieber Vater Freud,

nun ist es also wieder einmal soweit, daß man sich an Ihren Ursprung erinnert und sich und der Form nach Ihnen Glück dazu wünscht. Ich möchte Ihnen gern allerlei schenken: gutes Wetter, Gartenfreude und das Gefühl, viel getan zu haben und den Namen Freud aus der Vergessenheit gehoben zu haben, in die wir alle eingehen werden, einer früher, der andere später, Sie aber nie, wenn das Wort Gültigkeit hat. Und nun trenne ich mich schon wieder von Ihnen, weil mein Auge sich nur kurz fassen darf; aber am 6. abends hebe ich ein Glas Wein zum Gruß dem großen Stern zu, der Venus, die jetzt den Westhimmel beherrscht, und trinke es auf Ihr Wohl und das der Ihren. Immer Ihr

Arnold Zweig

Meine Frau und mein ganzes Haus schließen sich dankbar an.

Wien XIX, Straßergasse 47
2. 5. 1935

Lieber Meister Arnold

Ich sitze in meinem schönen Zimmer in Grinzing, vor mir der herrliche Garten mit frischgrünem und rotbraunem Laub (Rotbuche), und konstatiere, daß der Schneesturm, mit dem sich der Mai eingeführt, aufgehört (oder ausgesetzt) hat und daß eine kalte Sonne das Klima beherrscht. Natürlich war meine Vorstellung, Ihren Frühling auf Mt. Carmel mitzuerleben, nur eine Phantasie. Ich könnte selbst auf meine treue Anna-Antigone gestützt keine Reise unternehmen, habe mir im Gegenteil neuerdings eine Verätzung im Mundgebiet gefallen lassen müssen.

Ich kann nicht sagen, daß bei mir vieles vorfällt. Seitdem ich nicht mehr frei rauchen kann, will ich auch nichts mehr schreiben, oder vielleicht bediene ich mich nur dieses Vorwands, um die vom Alter gebrachte Unfähigkeit zu verschleiern. Der ›Moses‹ gibt meine Phantasie nicht frei. Ich stelle mir vor, wenn Sie nach Wien kommen, werde ich ihn Ihnen selbst vorlesen, trotz der Unreinheit meiner Sprache. In einem Bericht über Tell el-Amarna, das noch nicht halb ausgegraben ist, habe ich eine Bemerkung über einen Prinzen Thotmes gelesen, von dem sonst nichts bekannt ist. Wäre ich ein Pfund-Millionär, so würde ich die Fortsetzung der Ausgrabungen finanzieren. Dieser Thotmes könnte mein Moses sein, und ich dürfte mich rühmen, daß ich ihn erraten habe.

Über Anregung des Fischer Verlags habe ich eine kurze Begrüßung zu Thomas Manns sechzigstem Geburtstag (6. Juni) verfaßt[1] und eine hoffentlich nicht unverständliche Mahnung hinein verflochten. Die Zeit ist trübe, es ist zum Glück nicht meine Aufgabe, sie aufzuhellen.

Mit den herzlichsten Grüßen   Ihr Freud

                                        Wien XIX, Straßergasse 47
                                        13. 6. 1935

Lieber Meister Arnold

Ein Brief von oder nach Palästina braucht so lange, daß ich Ihnen noch am Empfangstage antworte. Ich schreibe Ihnen gern und besonders leicht und merke, daß ich Ihnen vieles schreibe, was ich gegen andere zurückgehalten hätte. Außerdem habe ich viele freie Zeit, d. h. sehr wenig analytische Stunden. Die Leute scheinen erfahren zu haben, daß ich ziemlich alt bin, drängen sich nicht zu mir, rechnungsgemäß zehre ich mich denn auch langsam auf, aber zwischen dem Anlaß und dessen Wirkung dürfte sich eine Selbstregulierung herstellen.

Zu Ihren Fragen[2] nein, ich habe keine Fahne von Ihnen erhalten, weiß nicht, welche ich erwarten soll. Mein Sohn Oliver

[1] S. F. ›Thomas Mann zum 60. Geburtstag‹. (1935) G. W. XVI, S. 249.
[2] Fragen in einem unveröffentlichten Brief.

lebt in Nizza und hat dort die Leitung eines photographischen Geschäftes übernommen. So hat er wenigstens Arbeit gefunden, die seinen Drang zum »Basteln« befriedigt.

Mit der Produktion geht es mir jetzt wie sonst in der Analyse. Wenn man in der ein bestimmtes Thema unterdrückt hat, kommt nichts anderes dafür. Das Gesichtsfeld bleibt leer. So bleibe ich auf den beiseite gelegten Moses fixiert, und mit ihm kann ich doch nichts mehr anfangen. Wann darf ich Ihnen den vorlesen?

Wenn Ihre Analyse die infantile Amnesie nicht aufheben konnte, so hat sie freilich nicht ihr letztes Können gezeigt. Das ist nicht Schuld des Analytikers; es passiert oft, besonders bei praktisch gesinnten Personen, wo keine schweren Leiden oder Hemmungen einen starken Konflikt unterhalten. Eine richtige Analyse ist ein langsamer Prozeß. Ich habe selbst bei manchen Personen erst nach langen Jahren, allerdings nicht kontinuierlicher Arbeit, den Kern des Problems aufdecken können und wüßte nicht zu sagen, was ich technisch versäumt hatte. Es ist dann ein rechter Gegensatz dazu, wenn Hochstapler wie O. Rank[1] auf die Behauptung reisen, daß sie etwa eine schwere Zwangsneurose in 4 Monaten heilen können! Doch sind auch die partiellen und oberflächlichen Analysen, wie Sie es bei sich finden, fruchtbar und wohltuend. Der Haupteindruck ist der von der Großartigkeit des Seelenlebens. Es ist aber eher eine wissenschaftliche Unternehmung als ein bequemer therapeutischer Eingriff.

Die unerwartete Ehrung hat mich unlängst getroffen, daß ich einstimmig zum Ehrenmitglied der »Royal Society of Medicine« gewählt wurde. Es wird in der Welt draußen einen guten Eindruck machen. In Wien beginnen dunkle Treibereien, zunächst gegen die Ausübung der Kinder-Analyse. Zu Pfingsten hatten wir den Besuch unseres tapferen italienischen Mitarbeiters Edoardo Weiß aus Rom. Mussolini macht der psychoanalytischen Literatur große Schwierigkeiten. Die Analyse kann

[1] Dr. phil. Otto Rank, Psychoanalytiker in Wien, später USA.

unter dem Faschismus nicht besser gedeihen als unter dem Bolschewismus und dem Nationalsozialismus. Gott hat da vieles zu bessern.

Unterlassen Sie es nicht, mir bald wieder zu schreiben. Ich kann Ihre Schrift gut lesen.

Sehr herzlich Ihr   Freud

                                              Carmel, 1. Sept. 35

Liebster Vater Freud,

lediglich die große Ermüdung nach der Arbeit hat mich bisher gehindert, Ihnen wieder meine immer unorthographischer werdende Schrift vor Augen zu halten. Nichts von Ihnen zu hören, ein schmerzlicher Zustand, dem ich aber eine gute Deutung zu geben bemüht bin. Dieser Tage muß nun mein Roman bei Ihnen einlaufen. Ich habe Amsterdam x-mal gemahnt, und danach höre ich Ihren Eindruck. –

Inzwischen durchlaufe ich mannigfache Krisen. Zum ersten stelle ich ohne Affekt fest, daß ich hierher nicht gehöre. Das ist nach zwanzig Jahren Zionismus natürlich schwer zu glauben. Nicht etwa persönlich enttäuscht bin ich, denn es geht uns hier recht gut. Aber alles war irrig, was uns hierher brachte. Und das wurde mir deutlichst, als vor 14 Tagen ich hier mit linken Arbeitern eine große Antikriegsdemonstration machte und diese die nationalistische Fiktion aufrechtzuerhalten suchten, als habe man mich Deutschsprechenden nicht verstanden, und meine Rede ins Iwrith übersetzten – als hätten nicht alle 2500 Leute zu Hause jiddisch geredet. Und das bei linken Poale Zion, die von den anderen, »rechteren« Sozialdemokraten als internationalistisch angefeindet werden. Wir denken also langsam an Weggehn, es wird aber wohl noch etwas dauern. – Inzwischen entwerfe ich fest und besessen die Grischa-Fortsetzung, als ›Einsetzung eines Königs‹ schon vor 8 Jahren angekündigt. Das wird eine dolle Geschichte, und vieles will noch bedacht werden, ehe ich an die Arbeit gehe. Aber die Nazis werden wohl nicht mehr regieren, wenn das Buch erscheint und wenn der Krieg hier unten vermieden wird. Ich habe einem Freunde nach Genf auseinandergesetzt, Italien sollte Deutsch-Ostafrika zur Hälfte als Mandat kriegen. Ob ers weitergeben wird?

Immer herzlich   Ihr Zweig

Wien, 9. 9. 1935

Dank für Brief!
Erziehung vor Verdun soeben eingetroffen. Glückwunsch!

Herzlich Ihr   Freud

Wien ix, Berggasse 19
23. 9. 1935
xix, Straßergasse 47

Lieber Meister Arnold

Meister indeed! Meine Tochter Anna liest jetzt die ›Erziehung vor Verdun‹ und kommt immer wieder zu mir, ihren Empfindungen Ausdruck zu geben. Wir tauschen dann unsere Bemerkungen aus. Sie wissen, ich bilde mir ein, meine Warnung hätte Sie abgehalten nach Berlin zurückzugehen, und ich bin noch immer stolz darauf, und jetzt ist es erst recht sicher, daß Sie nie in die Nähe einer deutschen Grenze kommen dürfen. Es wäre schade um Sie.

Es ist wie eine langersehnte Befreiung. Endlich die Wahrheit, die grimmige, endgültige Wahrheit, die man doch nicht entbehren kann. Man versteht das Deutschland von heute nicht, wenn man um ›Verdun‹ (und wofür es steht) nichts weiß. Die Ernüchterung ist allerdings eine nachträgliche gewiß auch bei Ihnen. Daher der offenkundige Anachronismus, daß auf die Erziehung vor Verdun das Idyll des Grischa folgt, in dem von dem Erstorbensein aller Illusionen noch so wenig zu merken ist. Dies entspricht der Tatsache, daß Sie nach der Rückkehr aus dem Krieg sich in Berlin niedergelassen und ein Häuschen gebaut haben. Heute sagt man sich, hätte ich aus den Erfahrungen vor Verdun die richtigen Schlüsse gezogen, so hätte ich wissen müssen, daß man unter dem Volk nicht leben kann. Wir dachten alle, es sei der Krieg und nicht die Menschen, aber die anderen Völker haben auch Krieg gehabt und sich doch anders benommen. Wir wollten es damals nicht glauben, aber es ist wahr gewesen, was die anderen von den Boches erzählt haben.

Die Causa, an der sich die Erziehung des Helden vollendet, ist nicht so unzweideutig wie im Grischa; das ist vielleicht eine Schwäche des Buches. Aber in der Charakteristik der zahlreichen Personen erweist sich Ihre geradezu unwahrscheinliche Meisterschaft. Eine Person wie den Leutnant Kroysink hinstellen, wie macht man das? Mit welchen Mitteln zaubert man eine Schwester Klara in's Leben? Wie kommen Sie zu der immerhin liebenswürdigen Zeichnung des vogelgesichtigen Kronprinzen? Es wäre interessant, Ihnen einmal die »Tagesreste« abzufragen, die in diese Dichtung eingegangen. Aber Wien darf nicht deutsch werden, ehe Sie mich besuchen.

Mit den herzlichsten Grüßen und dem Ausdruck bereitwilligster Bewunderung

Ihr alter Freud

Carmel, 22. 11. 35

Lieber Vater Freud,

an Tagen wie dem heutigen wünsche ich Sie her: wir gehen spazieren und bringen, nebenbei gepflückt, Herbstzeitlosen, Krokus und Narzissen heim, die jetzt gemütlich auf dem Kaminsims stehen. Überall macht die Natur Enttäuschungen wieder wett, die die Menschen zu bereiten nicht müde werden. Vielleicht aber haben auch Sie schönes Wetter und fahren ein bißchen nach Hochroterd, wo es wohl auch Herbstzeitlosen geben wird. Jedenfalls waren die Nachrichten über Sie erfreulich, die Dr. Eitingon mir erzählte, als ich in Jerusalem bei ihm lunchte. Wie frisch Sie damals waren, wie froh Ihrer schönen Dinge, und daß Ihre Freude an ›Erziehung‹ nicht nachgelassen habe. Das ist herrlich, und es freut Sie wohl auch, zu hören, daß vor ein paar Wochen schon 3000 Exemplare verkauft waren. Das ist heute viel, denn unsere Leser verarmen, und die Presse verhindert, daß große Schichten der Deutschen außerhalb des Reichs zum Verständnis unserer Bücher nachreifen. Ausländische Ausgaben werden in Amerika, England, Frankreich vorbereitet, in Italien – wenn die Zensur ja sagt – C. S. R., Polen und Dänemark. Nicht hier und nicht in Schweden, wo das Buch schon von 3 Verlagen abgelehnt worden ist und die Nazis viel Einfluß haben. Die spanische Ausgabe wird wohl in Argentinien abgeschlossen werden, die russische läßt auf sich warten. Die Welt erscheint in dieser Perspektive klein, denn die lesenden Schichten sind wohl überall die gleichen. Und nicht ein Kopf ist heute an der Arbeit, der ein autoritatives Urteil für alle Gebildeten oder für viele sagen könnte, wie einst Voltaire, Goethe, Lessing (in Deutschland) oder Ruskin in England. Ja, wenn Sie mal ein paar Monate an das Schreiben von Rezensionen von Romanen wenden würden – ich spreche nicht pro domo, obwohl auch pro domo. Es gibt heute kein Gefühl für Werte und Maßstäbe mehr in der deutschsprechenden Welt; jemand müßte sie neu setzen. Sie haben die Autorität; Sie haben über Kunstwerke hin und wieder etwas gesagt, das bleibend dasteht und den Kennern Ihres Lebenswerkes als Regulativ dient; und von Ihnen ist eine ganze Schule auch beim Erfahren von Dichtwerken ausgegangen. Und Sie lesen doch gern und vieles. Haben Sie schon Feuchtwangers ›Söhne‹[1] vorgenommen? Er setzt den Jüdischen Krieg reif und überlegen fort. Ein ausgezeichnetes Buch. Und was halten Sie von Henry IV[2]? Ich schicke Ihnen, wenn Sie wollen, Bonaparte in Jaffa in endgültiger Form. Ich habe an den letzten beiden Akten viel getan, aber Kleinigkeiten noch vor hinzuzufügen. Dabei tauche ich bald in ›Einsetzung eines Königs‹ unter. Der ungeheure

1 Lion Feuchtwanger, ›Die Söhne‹. Amsterdam, Querido, 1935.
2 Heinrich Mann, ›Die Jugend des Königs Henri Quatre‹. Amsterdam, Querido, 1935.

Stoff schreit nach Gestaltung und nach Verengung, und das letzte macht mir Gedanken. Bin ich nicht eigentlich verpflichtet, diesmal die Form zu opfern und deutsch, d. h. formlos zu werden, aber die Breite und Tiefe des Themas wenigstens zu skizzieren, wenn ich sie schon kaum werde bewältigen können? Ich habe ein kleines Buch aus Aufsätzen beschreibender Art fertiggestellt, eine erste Sammlung kleiner Nebenarbeiten. Ein zweites soll folgen, wenn das erste einen Verleger findet, mit Werken und Geistern gewidmeten Aufsätzen. Falls unter den geretteten Stücken die beiden kleinen Arbeiten nicht sein sollten, die sich mit Ihrer Silhouette befassen, werde ich Ihren Sohn Martin bitten, mir davon Abschriften oder Hefte zu schicken. Ich hätte nie daran gedacht, eine solche Sammlung ohne eine wirklich genügende Darstellung Ihres Umkreises zu veranstalten. Aber die Zeiten haben sich so verschlechtert, daß man auch vorläufige Konstatierungen machen muß. Ich werde aber eines sicher tun: in ein paar Tagen wieder nach Jerusalem fahren und mit Eitingon in einer Unterhaltung nebst Papier und Bleistift feststellen, einfach aufzählend, welche Wandlungen Ihr Lebenswerk in den verschiedensten Disziplinen bewirkt hat oder noch bewirken wird. Einen solchen Aufsatz kann ich dem ersten, Freud und der Mensch[1], hinzufügen, wenn ich ihn recht in Erinnerung habe. Und etwas über Ihr Schreiben. Sie sind derjenige Stilist heute, dessen Sätze ununterbrochen Erkenntnisse beibringen, ohne Hast und ohne Pause. Wer sie hintereinander liest, muß mitdenken. Wer auch nur einen oder zwei ausläßt, muß unbedingt zurückgehen und nochmals anfangen, oder er versteht nichts mehr. Das ist für die »Gebildeten« eine arge Prüfung. Diese Leute haben ein Niveau gutgeheißen – na, schade um die Tinte.

Ich bin jetzt fast zwei Jahre hier und konstatiere, daß ich für Dita, die Kinder und die Arbeit gut gewählt habe, daß aber meine persönliche Wirkung, politisch und kulturell, gleich Null

[1] A. Z. ›Sigmund Freud und der Mensch‹. Wien, Die Psychoanalytische Bewegung, 1929, Heft 1.

ist. Die Leute verlangen ihr Hebräisch, und ich kann es ihnen nicht liefern. Ich bin ein deutscher Schriftsteller und ein deutscher Europäer, und diese Erkenntnis verlangt Konsequenzen. Aber wo leben, wenn nicht hier? Kann ein Mensch wie ich nach Wien kommen, wo jede politische Äußerung des Staates mir entgegengesetzt wäre, ebenso wie die meine dem Staate? Und wohin sonst gehen? Es ist ja fast gleich, wo man sitzt, wenn man nicht daheim sitzt... ,–

Wie lange wohl noch, glauben Sie, wird es in Deutschland braun aussehen? Ich erwarte danach nicht etwa ein rotes oder rötliches Regime, obwohl die Logik danach verlangte. Sondern eine liberal getünchte Monarchie, Wilhelms Enkel etwa, die kreditwürdig wäre und Kredite kriegte, sobald sie mit Hilfe des Heeres die Braunen beseitigt hätte. Vielleicht kann kein Staat Sprünge machen, und vielleicht soll Deutschland den Zeitraum nachholen, den Friedrich III. leer lassen mußte. Das wäre wohl die wahrscheinlichste Ablösung der Reichsverderber, Blindenführer und Frankenfälscher, wie ich Herrn Streicher[1] nenne. Voraussetzung ist natürlich, daß es gelingt, den Krieg zu vermeiden und die braune Seuche in sich abzudichten. Der Krieg würde alles ändern und, wie der letzte die Teilung Polens aufgehoben hat, diesmal den Siebenjährigen Krieg revidieren und Österreich wieder in den Besitz Schlesiens setzen.

Lachen Sie über meine Phantasien? Was aber soll ich sonst tun? Ich kann nicht lesen, habe jetzt niemanden zum Vorlesen, denke über sittliche Entscheidungen und politische Vorgänge nach, prüfe die Kriegsvorgänge noch einmal und stelle mir mein altes Problem: entweder siegen die Gewaltleute oder die sittlichen Gesetze. Und ich glaube an das letztere, wahrscheinlich mit Ihrer Zustimmung. Wie dem aber auch sei, ich bin stets Ihr

Zweig

---

[1] Julius Streicher, 1885–1946, nationalsozialistischer Politiker, Herausgeber der antisemitischen Zeitung ›Der Stürmer‹.

Lieber Vater Freud,

Ihr Enkel[1] hat eine kurze Antrittsvisite gemacht und wird uns
heute nachmittag ausführlicher erzählen, was er uns berichten
kann, von Ihnen, von Wien und sich, seinen Absichten und
Hoffnungen. Ich komme heute nicht handschriftlich wie sonst,
sondern mit der Maschine, und zwar weil ich die Nachricht
nicht verzögern möchte, die ich Ihnen mit allen Vorsichtsmaß-
regeln und Behutsamkeiten vortragen muß. Um historisch vor-
zugehen: ein Journalist, den ich seit längerer Zeit kenne und
der schon vor der Hitlerei für deutsche Zeitungen in Ägypten
tätig war, hatte mir früher schon Stücke aus einer Reportage
über arabische Vorgänge um Ibn Saud[2] vorgelesen. Er kann
gut arabisch, hat es in Berlin studiert, in Kairo weitergetrieben
und sich einige Zeit in Luxor aufgehalten, bis ihn die Hitlerei
brotlos machte und hierher verfrachtete. Vor einigen Wochen
nun gestand er, an einem Drama ›Moses‹ seit langem zu
arbeiten, und bat mich, es anzuhören. Dies geschah vorgestern
und führte zu einer Anzahl Mitteilungen des Mannes über
seine Quellen. Sein Moses nämlich ist ein Schüler des Sonnen-
tempels von Re-Aton und ein jüngerer Zeitgenosse Amenophis
III. Äußerst erstaunt über diese Datierung fragte ich ihn,
natürlich im geheimen Ihrer großen Arbeit gedenkend und
ziemlich aufgeregt Ihretwegen, wie er zu dieser unhistorischen
Datierung komme. Und er behauptete, ein Professor Smith
vom Rockefeller-Museum in Luxor habe ihm erzählt, es sei
unter den Tell el-Amarnabriefen, die neuerlich ausgegraben
werden, ein Täfelchen gewesen, das ein Verzeichnis der Schüler
des Re-Aton-Tempels in Heliopolis enthalten habe mit zwei
Namen, die nicht anders als Moses und Aaron gelesen werden
könnten. Dieses Täfelchen sei im Besitz eines reichen kopti-

[1] Der Sohn von Freuds Tochter Sophie.
[2] Ibn Saud, Gründer des saudi-arabischen Königreiches.

schen Christen und Großgrundbesitzers gewesen und von ihm an den Vatikan weitergegeben worden, wo es aufbewahrt werde. Ich fragte den Mann so genau wie möglich aus und erklärte ihm auch, daß einer meiner nächststehenden Freunde ein vitales Interesse daran hätte, mehr von diesen Dingen zu erfahren, ja, daß die Publikation eines eminent wichtigen Buches von der Frage abhänge, ob man in diesem Punkte eine wissenschaftliche Sicherheit erreichen könnte. Dr. Jizchaki, so heißt er jetzt, behauptete, Prof. Smith habe ihm das so mitgeteilt, wie er es mir hier überlieferte.

Sie sehen selbst die Täuschungsquellen, die in diesem Berichte enthalten sind. Wollte der Mann mein Interesse an seinem Stück dadurch stützen, daß er behauptete, für seine Auffassung Quellen zu haben, so konnte er nichts Klügeres tun, als seinen ägyptischen Aufenthalt und Ausgrabungen, die ich nicht kontrollieren konnte, heranzuziehen, um von mir nicht der Willkür beschuldigt zu werden. Andererseits hatte ich mit ihm niemals über Moses gesprochen, und er konnte keine Ahnung haben, daß mir an den Angaben über seine Erfindungen etwas lag. Daß das Stück nicht besser wurde, wenn er seine Phantasie mit Archäologie stützte, mußte er sich auch sagen. Das Stück ist natürlich schlecht, aber davon braucht hier nicht die Rede zu sein, höchstens um die Glaubwürdigkeit an der Frage zu kontrollieren, ob eine an sich nicht vorhandene Gestaltungskraft dazu ausreichen würde, dieses Tontäfelchen zu erfinden.

Sie haben den großen Brockhaus, lieber Vater Freud, und können nachsehen, ob es überhaupt ein Rockefeller-Institut oder -Museum gibt. Ich verdanke unserm Freund Eitingon als unschätzbares Geschenk drei Bände (Supplements zur letzten Vorkriegsausgabe) der British Encyclopaedia, in der ich über Luxor noch nichts gefunden habe. Zufällig kenne ich aber eine Assistentin, Archäologin, am Rockefeller-Institut in Jerusalem, die seit einem Jahr mit nichts als mit dem Ordnen von Tonscherben beschäftigt ist. Sie wird mir bestimmt sagen können. ob in Luxor ein Professor Smith existiert und ob Ausgrabungen beiseitegebracht werden können. Nach meinen Erfahrungen mit Palästina wird ein Drittel aller Ausgrabungen von den Eingeborenen unterschlagen und privatim weiterverkauft, was ihr gutes Recht ist. Sonst besäße ich z. B. nicht den Doppelschekel Stratons II. von Phönizien, der um 400 v. C. in Sidon geprägt worden ist, oder eine kleine Münze von Askalon, beide mit der Trereme auf der Rückseite. Ich habe Ihnen wohl schon mal erzählt, daß ich aus Palästina eine kleine Münzensammlung mitgebracht hatte, die von Lily gerettet wurde.

Mehr kann ich Ihnen heute nicht berichten. Aber in ein paar Tagen soll aus Jerusalem ein Wort über die Mög- oder Unmöglichkeit des Dr. Jizchakischen Täfelchens eintreffen und gleich weitergegeben werden. Bis dahin wünscht Ihnen ein frohes Neujahr von Herzen Ihr

Zweig

Wien, 27. XII. 35

Lieber Meister A.

Ich antworte Ihnen noch nicht, nur um zu sagen, daß ich aufs äußerste gespannt warte. Im Brockhaus fand ich nichts über eine Rockefeller-Stiftung. Die Erwähnung Aaron's macht den Bericht Ihres Gewährsmannes sehr verdächtig. Den meine ich, hat es nicht gegeben. Auch die Namen können auf dem Täfelchen nicht so lauten wie in der Tradition.

Herzlichste Grüße und auf Wiedersehen   Ihr Freud

Haifa, Dezember 1935

Auskunft

Der Name Rockefeller-Museum für das Institut in Luxor ist zwar dem Sinn nach annähernd richtig, weil Rockefeller es wesentlich unterstützt, aber nicht dem Namen nach. Das »Oriental Institute of the University of Chicago« hat seine »Headquarters at Luxor«, von wo die Ausgrabungen und Forschungen ausgehen.

Ob dort ein Professor Smith arbeitet, läßt sich am besten durch eine Anfrage in Luxor ermitteln.

Daß Täfelchen, die zu den Tell el-Amarna-Funden gehören, Verzeichnisse von Schülern des Re-Aton-Tempels enthalten, halte ich aus dem Grunde für unmöglich, da es sich bei dem in den 80er Jahren gemachten Fund lediglich um Briefe handelt, und zwar meist um die auswärtiger Fürsten, und außerdem nur noch um Geschenkkisten dieser Fürsten. Ob sonst noch Tontafelfunde in Tell el-Amarna gemacht wurden, kann ich im Augenblick nicht feststellen, aber die Möglichkeit besteht durchaus.

In der ausführlichen Publikation der Tafeln von Knudtzon (1908) wird als Aufbewahrungsort keiner der Amarna-Tafeln der Vatikan angegeben, aber einige waren damals in Privatbesitz. Die Beantwortung dieser Frage ist aber wohl im Augenblick belanglos, da es sich bei dem Verzeichnis ja nicht um die Amarna-Funde handeln kann. An und für sich ist es nicht unmöglich, daß irgendwelche Tontafeln aus Ägypten in den Vatikan geraten, denn es handelt sich häufig um geheimgehaltene Raubgrabungen mit vielfach wechselnden Besitzern.

Lieber Vater Freud,

das ist mehr als wir beide erwartet haben. Meine Skepsis wuchs im Quadrat der Tage nach der Absendung meines Briefes, und ich freute mich, erleichtert, als Ihre Karte kam und keine hochgespannten Erwartungen merken ließ. Unsere Recherchen gehen jetzt weiter, zunächst an den Ägyptologen in Jerusalem, Dr. Polotzki, weil er die lokal nächste Quelle ist. Ich habe vorgestern mit Dr. Eitingon gesprochen, und ich glaube, er wird sich über das vorläufige Ergebnis ebenso freuen wie ich. Meine Briefschreiberin teilt mir nämlich außerdem noch mit, daß es im Jahre 1932 in Luxor einen Professor John Merlin Powis Smith gegeben hat, und ich weiß von früheren Unterhaltungen, daß mein Gewährsmann tatsächlich im Jahre 32 in Oberägypten war, als es ihm noch gutging und er das Berliner Tageblatt vertrat. Die Recherchen fangen also an, abenteuerlich und aussichtsreich zu werden, wie es sich für eine so bedeutende Recherche gehört. Von Dr. Eitingon bin ich über einige Fakten des Ergehens von Ihnen und der Analyse in Europa unterrichtet worden. Nächstens schreibe ich ausführlicher, heute liegt ein Berg von Korrespondenz vor und auf Ihrem herzlich grüßenden   Zweig

Wien IX, Berggasse 19
20. 1. 1936

Lieber Meister Arnold

Eben Ihre Auskunft erhalten, freue mich, daß Sie der Sache so viel Interesse schenken. Es ist also so, daß die Behauptungen Ihres »Dichters« nicht völlig aus der Luft gegriffen sind, sondern an einigen Stellen die feste Erde berühren. Es gibt Luxor, es gibt Rockefeller-Subventionen und sogar einen Prof. Smith. Aber ein Punkt, der mir erst später eingefallen ist und alle Erwartungen entwertet hat, ist folgender. Wenn ein solches Verzeichnis der Schüler des Sonnen-Tempels von On (?) in Amarna gefunden wurde, so kann es unmöglich auf einem Tontäfelchen in Keilschrift stehen. Es müßte ein Papyrus mit Hieroglyphen sein. Der Keilschrift bediente man sich nur zur Korrespondenz mit dem Ausland. Also wenig Hoffnung, meinen Moses durch diesen Anruf aus dem Schlaf zu wecken, der seine Bestimmung ist. Einer meiner jungen Freunde hier, ein Dr. Ernst Kris[1], rühmlich bekannter Kunsthistoriker und Beamter am Museum, hat übrigens seinerseits auf den ihm zugänglichen Wegen Nachforschungen eingeleitet.

Soviel über den Moses, die eine der Versuchungen, Sie nach Wien zu locken. Eine andere wäre das Versprechen, Ihnen auch meine letzte Arbeit vorzulesen, die leider in die Öffentlichkeit hinaus muß. Ich bin sehr geplagt worden, etwas Geschriebenes

---

[1] Ernst Kris, 1900–1956, damals Kustos am Kunsthistorischen Museum in Wien, später Psychoanalytiker in London und New York.

zum 70. Geburtstag Romain Rolland's beizutragen, und habe endlich nachgegeben. Ich brachte eine kleine Analyse eines »Entfremdungsgefühles« zustande, das mich 1904 auf der Akropolis von Athen überfiel[1], etwas recht Intimes, was kaum mit R. R. zu tun hat (außer, daß er genau so alt ist wie mein Bruder[2], mit dem ich damals nach Athen gereist war). Aber kombinieren Sie die beiden Sprichwörter vom Schelm, der mehr gibt, und vom schönen Mädchen, das nicht mehr gibt, als sie haben, und Sie kennen meinen Fall.

Als Folge einer kürzlichen »kleinen« Operation im Mund kann ich jetzt weder kauen noch ordentlich sprechen. Ich kann abwarten, bis es besser wird.

Herzlich wie immer   Ihr Freud

                                        Berg Carmel, Haifa, 15. 2. 36

Lieber Vater Freud,

daß Sie wieder eine Operation haben aushalten müssen und gut können, erfüllt mich mit Bedauern und mit Freuden. Möge es so noch zehn Jahre gehen! Möge es uns erlaubt sein, Ihnen noch ein paar gute Früchte Ihrer Lebensarbeit anzubringen! Mein Ältester, Michi, ist jetzt bei Dr. S. in Umarbeitung und sehr zufrieden. Er hatte so eine gräßliche Angst vor seinem Lehrherrn, Herrn Schneider, Fahrlehrer aus Wien, harmlos, aber tobend manchmal, daß er das für abnorm erkannte und sich freiwillig entschloß. Er ist schon sehr entlastet. Dagegen nicht sein Vater, als wie icke – auf berlinerisch. Ich bin in einer schweren Krise. Meine Analyse bei S. wieder aufzunehmen, sträube ich mich. Aber ich sträube mich gegen das ganze Dasein hier in Palästina. Ich fühle mich falsch am Platze. Kleine Verhältnisse, noch verkleinert durch den hebräischen Nationalismus der Hebräer, die keine andere Sprache

---

[1] S. F. ›Brief an Romain Rolland (Eine Erinnerungsstörung auf der Akropolis)‹. (1936) G. W. XVI, S. 250 ff.
[2] Alexander Freud, 1866–1943.

öffentlich zum Druck zulassen. Daher muß ich hier ein über-
setztes Dasein führen. Aber wenn schon ins Englische übersetzt,
warum dann hier? Sie haben gewiß den Brief unseres armen
Tucholsky gelesen und meine Antwort. Über ihn später mal
mehr, vielleicht öffentlich. Er ist an seiner Judenflucht gestorben, buchstäblich. Aber was mache nun ich? Wo soll ich mich
ansiedeln, mit der Erwartung einiger Dauer? In Amerika, sagt
mir mein Verstand. Aber mein Herz will nicht so weit weg. Es
tröstet mich mit dem Chamälionsgesicht der Hoffnungen,
Deutschland werde in ein paar Jahren wieder offenstehen und
mich dann gut brauchen können. Was sagen Sie dazu? Sie und
kein anderer haben mich doch vor der Tollheit zurückgehalten,
im Mai 33 noch einmal nach Eichkamp, d. h. ins Konzentra-
tionslager und den Tod zu gehen. Außer Ihnen hat von meinen Freunden nur noch Feuchtwanger so klar gesehen. Aber
was raten Sie mir zu tun? Ich will Sie diesen Sommer besuchen. Werde ich früher mit meinem Roman fertig, schon im
Frühling. Werde ich bis Ende April fertig, schon im Mai. Bei
Ihrem 80. Geburtstag zu fehlen, wäre mir hart. Aber vorher
muß ich eine bittere Entscheidung treffen. Mein Paß läuft im
April ab. Ich will das 3. Reich nicht um Erneuerung bitten. Ich
möchte meine Bindung an das deutsche Volk aber nicht freiwillig lösen. Ich kann den palästinensischen Paß haben – in ein
paar Wochen. Aber ich habe zur jüdischen Nationalität auch
wenig Beziehung. Ich bin Jude – Gott ja. Aber gehöre ich als
Staatsbürger zu diesen, die mich hier seit dem de Vriendt igno-
rieren? Ich möchte nur noch nach einer Front kämpfen, gegen
die Barbaren. Ich bin vielleicht zu müde, um nach allen Seiten
auszuschlagen wie ein alter Esel. Und die Kinder wollen vorläufig auch nicht hierbleiben. Dabei sprechen sie gut hebräisch.
Aber sie lernen fast nichts, elende Schulen, kleine Horizonte.
Na, da will ich für heute schließen. Haben Sie übrigens Feuchtwangers ›Söhne‹ gelesen? Ein vorzügliches Buch, überaus erfreulich, von klarer, ruhiger Künstlerschaft getragen. Vielleicht
erscheint auch bald in der Weltbühne ein Spaß von mir, auto-

biographisch, ›Meine Unfälle‹ [1] genannt. Leben Sie sehr, sehr wohl. Es ist so gut, sich an Ihnen orientieren zu können.

Das tut wohl Ihrem

A. Zweig

Wien IX, Berggasse 19
21. 2. 36

Lieber Meister Arnold

Ihr Brief hat mich sehr bewegt. Es ist nicht das erste Mal, daß ich von den Schwierigkeiten des Kulturmenschen höre, sich in Palästina einzuleben. Die Geschichte hat dem Judenvolk keinen Anlaß gegeben, seine Fähigkeit zur Bildung eines Staates und einer Gesellschaft zu entwickeln. Und natürlich bringt es alle Mängel und Laster der Kultur des verlassenen Vaterlandes in die neue Wohnstätte mit. Sie fühlen sich unbehaglich, aber ich wußte nicht, daß Sie die Isolierung so schlecht vertragen. Fest auf Ihrer Künstlerschaft fußend, sollten Sie auch eine Weile allein sein können.

In Palästina haben Sie wenigstens persönliche Sicherheit und Ihre Menschenrechte. Und wo sollen Sie hingehen? Amerika würden Sie, nach all meinen Eindrücken, darf ich's sagen, vielmal unerträglicher finden. Überall sonst sind Sie ein kaum geduldeter Fremder. In Amerika müßten Sie auch Ihre Sprache abwerfen, nicht ein Kleidungsstück, sondern Ihre eigene Haut. Ich meine wirklich, Sie sollten zunächst bleiben, wo Sie sind. Die Aussicht, nach einigen Jahren Deutschland wieder zugänglich zu finden, ist wirklich vorhanden. Manchmal erwarte ich, dergleichen noch selbst zu erleben, wobei ich nicht auf die Verlängerung meines Lebens, sondern auf die Verkürzung der Naziherrschaft hoffe. Freilich, auch nach den Nazis wird Deutschland nicht mehr das Frühere sein, nicht mehr Eichkamp sozusagen. Aber man wird an der Aufräumungsarbeit teilnehmen dürfen.

Sie bei mir in Wien-Grinzing zu haben, wird ein hoher Genuß

[1] A. Z. ›Meine Unfälle‹. Paris, Die Neue Weltbühne, 1939, Heft 9.

werden. – Wir werden alles Elend und alle Kritik vergessen und über Moses phantasieren. Es muß nicht gerade die Zeit um meinen Geburtstag sein, jede andere ist vielleicht besser. Wie ich mich den Strapazen entziehen werde, die man mir zumuten wird, weiß ich noch nicht, aber gewiß werde ich nicht mittun. Und welch ein Unsinn, die Mißhandlungen eines langen Lebens durch Feiern zu einem bedenklichen Termin gutmachen zu wollen! Nein, wir bleiben lieber Feinde.

In der Erwartung sehr bald wieder von Ihnen zu hören

herzlich Ihr Freud

Ein junger Berliner, Zahnarzt aus der Familie meiner Tochter, wird Sie bald besucht haben.

Haifa, Mt. Carmel
House Dr. Moses
2. III. 36

Lieber Vater Freud,

Leider muß ich meinen Dank und meine Freude über Ihr liebes Münzengeschenk mit der Maschine abstatten und zugleich melden, daß ich von den sechs schönen Münzen vorläufig noch kaum den rechten Eindruck empfangen habe. Am Sonnabend nachmittag kam Ihr Bote, dieser schnellredende Berliner mit seinem Bruder. Aber am Freitag nachmittag war mir durch das Zusammenspiel von Klimaumschwung (Scirocco-Einfall) und einer bezaubernden Autofahrt ein Äderchen im linken Auge gebrochen, in jenem Auge, mit dem ich wenigstens Bruchstücke von Zeilen erkennen konnte und das mir erlaubte, mit der Hand zu schreiben. Das neue Blutgerinnsel bedeckt nur einen winzigen Teil der Sichtfläche, aber gerade den wichtigsten, und hat außerdem das ganze Auge so geschwächt, daß ich es vorläufig streng schonen muß. Außerdem muß ich viel liegen – was der Einkehr und der Überlegung nachhilft, aber nicht gerade Munterkeit erzeugt. Ich weiß, verglichen mit

Ihren Beschwerden und Ihrer Überwindungskraft ist das alles das Aufheben nicht wert, das dieser Brief davon zu machen scheint. Ich mache auch kein Aufhebens davon. Aber es deprimiert mich doch, daß mein Zustand nicht stationär ist und die viele Ruhe und Schonung das Auge nicht widerstandsfähiger zu machen vermochte. Diese Fahrt war bescheiden, ich hatte sie schon einmal ohne die geringste Störung gemacht, sie führte auf einer sehr brauchbaren, allerdings nicht asphaltierten Straße in ein allerschönstes Tal voll blühender Bäume und unbeschreiblicher Blumenwiesen. War nun der Wagen diesmal nicht schwer genug oder hat der Wetterumschwung an jenem Nachmittag die inneren Druckverhältnisse plötzlich übersteigert: schon auf der Fahrt merkte ich einen kleinen Schmerz und am Abend das bekannte, diesmal neue Wölkchen im Sichtbilde. Es besteht übrigens durchaus die Möglichkeit, daß das Winzigstel von Flüssigkeit wieder aufgesogen wird und das Auge sich nach ein paar Wochen wieder so kräftigt wie vorher. Dann kann ich auch die bezaubernden Prägungen dieser Münzen mit der Lupe genießen und sie von einem Sachverständigen bestimmen lassen. Dr. G. erzählte, zwei seien kretisch und eine aus Cypern. Und Goldmünzen, lieber Vater Freud, hatte ich in meiner Sammlung überhaupt noch keine.

Zu Ihrem lieben Brief möchte ich heute nur die Frage meines Besuches berühren. Ich komme, Zwischenfälle ausgenommen, so früh ich in diesem Jahre abkommen kann. Aber wenn Sie Ihren Geburtstag in der Zurückgezogenheit begehen wollen, werde ich, falls ich verhindert sein sollte, es nicht so sehr bedauern, wenn ich erst später komme. Zum Glück ist der Mai noch weit, zwei Monate haben die Dinge noch Zeit zu reifen. Sonderbarerweise bekommt man aus Wien immer wieder entgegengesetzte Nachrichten. Aber die ungünstigen, die sich auf Juden beziehen, schließen die günstigen über eine Abwehr der Nazis leider nicht aus. Dumm ist nur, daß ich vorläufig auch nicht daran denken kann, wieder einmal nach Jerusalem zu fahren und Eitingons zu sehen. Sie sind das erfreulichste Haus

in Jerusalem, und es ist wunderschön, Menschen so nahe zu
haben, die Ihnen innerlich so nahe stehen und Ihre Arbeit so
treu betreuen.

Und nun wünsche ich Ihnen immer weiter die guten, gleich-
mäßigen Tage, von denen mir alle Ihre Besucher berichten,
und ich bin mit meiner kleinen Familie

immer Ihr   Arnold Zweig

Mt. Carmel, 16. April 36

Liebster Vater Freud,
schon heute mit meinem Geburtstagsbrief anzufangen, scheint
mir richtig, denn ich weiß nicht, in wieviel Portionen ich ihn
schreiben werde. Da Sie selbst viel mehr als ich mit Ärzten zu
tun haben, wissen Sie besser, wie viel oder wie wenig man auf
sie geben soll. Wie mir jetzt ist, weiß ich nichts Besseres, als
Ihnen zu schreiben – nichts Belebenderes, nichts Entzückende-
res, wenn ich allein bin – und die Fehlkonstruktion meines Lebens bringt zur Zeit einigen Leerlauf mit. Frau und Kinder
wollen auch etwas eigenes Leben haben, gesünder als ich und
jünger, können sie auf jedes meiner Bedürfnisse nicht Rücksicht
nehmen, und ich wieder kann ihnen nicht übelnehmen, daß
ich manche Stunde des Tages allein bin, die ich gern in Gesellschaft wäre, und umgekehrt. Das Lesen fehlt mir halt, und es
ist durch nichts zu ersetzen. Auch durch Vorlesen nicht. Mit
einem anderen Geist allein zu sein, diese Zwiesprache etwa mit
Ihnen, Totem und Tabu wieder lesend oder irgendeinen anderen Ihrer Bände aufschlagend – das ist doch unersetzlich ... Ich
habe es versucht, aber es geht eben nicht. Ich muß alles durch
Denken und Erinnern ersetzen. Oder durch Produktion. Heute
z. B. habe ich den Schluß des Aufsatzes über Ihre Leistung und
Ihr Dasein beendet, um den mich das Neue Tagebuch bat[1].
Drei Tage habe ich daran gearbeitet, froh und bedrückt zugleich. Denn das Persönliche wollte ich öffentlich nicht sagen,

[1] ›Apollon bewältigt Dionysos‹. Vgl. Anm. S. 35.

und doch saß es mir so vorn wie ein rezentes Erlebnis in der Analysenstunde, und ich konnte doch die Redaktion nicht im Stich lassen, der Weg nach Paris ist ohnehin lang. – Und dann: wie nötig wäre es gewesen, Ihr Gesamtwerk wieder einzuatmen, ehe ich an diesen Aufsatz ging, den Sie lesen sollten. Nun habe ich den Aufsatz abgeschickt, hoffentlich verschont uns der Druckfehlerteufel, und Sie lesen den Aufsatz 10 Tage, bevor ich ihn hierherbekomme. Sie werden zwischen den Zeilen lesen, daß Sie durch Ihr Dasein meine Wiedergeburt ermöglicht haben, daß ich tief glücklich bin, unsere Existenz in Ihrer Leistung repariert zu sehen, ja daß die Lebensentstellung der Menschen überhaupt korrigabel geworden ist durch Sie. Aber das verstehen die Leute erst, wenn man es ihnen vormacht. Und darum trage ich mich die ganze Zeit schon mit dem Gedanken, Ihre Biographie zu schreiben – wenn Sie einverstanden sind. Ich bin dazu schlecht geeignet, weil ich nicht lesen kann, gut geeignet, weil ich Ihre Wirkung erlebt habe und Sie liebe und verehre und weiß, was eine Gestalt wie Sie, ein Mann wie Sie bedeutet.

25. April: Nun ist viel Zeit ins Land gegangen und viel Blut geflossen. Wenn man vom Nutzen auf die Ursache schließen dürfte, so hätten gewisse Engländer den Nutzen gehabt, die Araber an der Reise nach London zu verhindern, und so schließen viele Narren, obwohl Massen anderen Gesetzen gehorchen. Aber das soll heute draußen bleiben. Es scheint nur, als sei vielleicht ein Brief von mir, mit Maschine, diktiert, verlorengegangen. Etwa aus dem Februar oder Anfang März. Und nun schließe ich für heute. Ich will Ihnen noch manches senden bis zum 6., aber wirds klappen? Jedenfalls müssen Sie wissen, daß ich Ihre Zuneigung stolz und dankbar empfinde, als die einzige Auszeichnung, die die Menschheit heute zu verleihen hat und die ich beglückt annehme. Indem ich Ihrer lieben treuen Gattin die Hände küsse und gratuliere,

Ihr Arnold Zweig

Lieber Meister Arnold!

»Wahrlich die Zärtlichkeit dieser Welt ist gemengt mit Grausamkeit«. Seit zwei Wochen fülle ich jede halbe Stunde aus mit dem Fertigmachen von Bedankungen wie die als Muster beigelegte, einige Worte oder Sätze nach der Unterschrift, gekünstelt und gezwungen das meiste, und erst heute, am ersten Tag des lieblichen Festes, komme ich dazu, Ihnen einen Brief zu schreiben, geschreckt durch die Drohung, daß Sie mein Biograph werden wollen. Sie, der so viel Schöneres und Wichtigeres zu tun hat, der Könige einsetzen kann und die gewalttätige Torheit der Menschen von einer hohen Warte her überschauen. Nein, ich liebe Sie viel zu sehr, um solches zu gestatten. Wer Biograph wird, verpflichtet sich zur Lüge, zur Verheimlichung, Heuchelei, Schönfärberei und selbst zur Verhehlung seines Unverständnisses, denn die biographische Wahrheit ist nicht zu haben, und wenn man sie hätte, wäre sie nicht zu brauchen.

Die Wahrheit ist nicht gangbar, die Menschen verdienen sie nicht, und übrigens hat unser Prinz Hamlet nicht recht, wenn er fragt, ob jemand dem Auspeitschen entgehen könnte, wenn er nach Verdienst behandelt würde?

Der Besuch von Thomas Mann, die Adresse, die er mir überbrachte, der öffentliche Vortrag, den er zur Feier hielt, waren erfreuliche und eindrucksvolle Dinge. Auch die Wiener Kollegen haben mich gefeiert und dabei durch allerlei Anzeichen verraten, wie schwer es ihnen ankommt. Der Unterrichtsminister hat förmlich höflich gratuliert, und dann wurde den Zeitungen bei Strafe der Konfiskation verboten, diesen Akt der Teilnahme im Inland bekannt zu machen. Auch zahlreiche Artikel in in- und ausländischen Journalen haben Ablehnung und Haß deutlich genug ausgedrückt. So könnte man mit Befriedigung feststellen, daß die Aufrichtigkeit noch nicht ganz aus der Welt verschwunden ist.

Für mich bedeutete das Datum natürlich keine Epoche; ich bin derselbe wie vorher. Unter den nicht sehr zahlreich geschenkten Antiken erfreut mich Ihr sehr merkwürdiger Siegelring. Und nun warte ich in herzlichem Gedenken Ihrer weiteren Nachrichten.

Ihr Freud

Haifa, Mt. Carmel, House Dr. Moses
8. 6. 36

Lieber Vater Freud,
Hoffentlich klingt der innere und äußere Trubel langsam ab und läßt Sie allmählich wieder in Ihr Lebensgefühl zurückgleiten, von dem mir Dr. Eitingon vor seiner Abreise nach Wien so viel Ermutigendes sagte. Nach seiner Rückkehr habe ich ihn leider nicht gesprochen, aber durch Dr. S. das Wichtigste erfahren: Sie haben es gut überstanden. Ich selber hatte für Sie einige Manuskripte vorbereitet, um Ihnen Spaß zu machen: ein kleines Spiel über den Propheten Jona, ein etwas größeres über den Knecht Jockel [1], der den Hafer schneiden sollte, und schließlich eine kleine Anthologie parodistischer Gedichte aus dem Jahre 1914, mit einer Einleitung, wie sie entstanden. Ich konnte die Manuskripte niemandem mitgeben, mein gelähmter Zustand nach der Liegekur verbot mir konzentriertes Arbeiten. Und mit der Post wollte ich sie nicht schicken, weil ich unserer Beförderung jetzt nicht allzusehr traute: Manuskripte erregen in Zeiten der Unruhe leicht Verdacht, und haben sie das erst einmal getan, so gehen sie auch leicht verloren. Da es bei uns aber nicht besser zu werden scheint, sondern eher schlimmer, schicke ich heute als Versuchstaube die kleine Gedichtanthologie ab, mit der Absicht, diese Sendungen fortzusetzen, wenn die erste klappt. Möge Sie Ihnen Spaß machen, sie und die Einblicke, die sie gewährt.
Ich bin inzwischen nicht müßig gewesen, des Moses wegen

[1] A. Z. ›Das Spiel vom Herrn und vom Jockel. Szenenfolge‹. Moskau, Das Wort, 1938, Heft 5.

nachzuforschen. Ein junger Historiker der Judaistik, unser Nachbar auf dem Carmel, hat versprochen, eine Anzahl Stellen herauszusuchen, in denen ältere Schriftsteller die Meinung aussprechen, Moses sei ein Ägypter gewesen. Ist Ihnen damit gedient? Von unserem Ägyptologen habe ich noch nichts gehört. Ein Gedankensprung trägt mich von hier zu Ihren Besorgnissen des braven Paters Schmidt wegen. Offenbar hat sich doch nichts gerührt.

Als ich Ihnen in meinem handschriftlichen Briefe vorschlug, Ihre Biographie zu schreiben, wußte ich nicht, daß Sie die Selbstdarstellung[1] erweiternd, solch ein Buch überflüssig machen würden. Dadurch erübrigt sich ja solch ein Vorsatz auf lange hin, besonders wenn Sie gelegentlich einmal eine Geschichte der wichtigsten Trennungen von ehemaligen Freunden und Schülern schreiben wollten, um sachlich klarzustellen, was sich da vollzog. In der Geistesgeschichte der Psychoanalyse und damit des einen wichtigen Sektors der Gegenwart, werden diese Abspaltungen wohl einmal eine große Rolle spielen.

Mir geht es sonderbar. Ich habe nach einer langen Pause die ernsthafte Arbeit am Roman wieder aufgenommen, zugleich aber auch die ernsthafte Arbeit mit Dr. S. Dadurch verschiebt sich meine Reise, es ist noch nicht klar, auf wie lange. Gewiß ist nur ein ungestümes Bedürfnis, dieses schwierige Land für einige Zeit zu distanzieren und im Gespräch mit den wenigen Freunden, die noch da sind, wieder die Luft fremder Iche einzuatmen.

Heute schickt mir der Verlag eine Menge Prospekte, aus denen ich mit Freuden sehe, was alles neu gearbeitet wird, und daß zum Beispiel Ihre Anna ein Thema angefaßt hat, das ich mir in Europa vorlesen lassen werde, sobald meine eigene Analyse es erlaubt. Überhaupt: die Vorschriften der Therapie werden noch schuld daran sein, daß ich zwar gesund, aber ungebildet ins Grab fahren werde. Mit dieser düsteren Prognose verläßt Sie lachend und herzlich grüßend

Ihr Zweig

[1] S. F. ›Selbstdarstellung‹. (1925) G. W. XIV, S. 31 ff.

Sie sehen, liebster Vater Freud, daß unsere Gedanken sich gewissermaßen gekreuzt haben. Ja, wenn mein Adam nicht unterlassen hätte, diesen Brief zur Post zu tragen, wäre er gestern abgegangen, vier Stunden bevor Ihr lieber Brief eintraf. Mit gleicher Post schickte mir mein Freund Stutschewsky jene Wiener Illustrierte, auf der Sie Zofies Kinderchen zu Füßen haben. Ein schöner Zusammenklang, für den ich dem Zufall dankbar bin. Wir müssen uns immer nur eines sagen: Leute Ihres Kalibers sind in vergangenen Zeiten vom Unwillen ihrer Zeitgenossen immer viel schlimmer behandelt worden, als es Ihnen in den perikleischen Tagen Franz Josephs und Wilhelms beschieden war. Wenn Sie uns nur gesund und verdrießlich-fröhlich treu bleiben!

Ihr Zweig

Wien, xix, Straßergasse 47
17. 6. 1936

Lieber Meister Arnold

Die nachgelassenen Gedichte des Herrn Floriz Capschon (Capzen?) samt historischer Einleitung und Brief von A. Z. sind gestern getreulich angelangt. Sie zeugen dafür, daß er ein talentvoller, wenn auch loser Junge war: die ewigen Probleme der Männlichkeit haben ihm guten Stoff zum Dichten gegeben.

In Ihrem Brief mag ich eine Stelle nicht, weil sie mir zeigt, wie wenig ich doch von Ihnen weiß. Es ist die vom »gelähmten Zustand nach der Liegekur«. Zufriedener bin ich damit, daß Sie nicht mehr meine Biographie schreiben wollen. Sie sollen aber auch mich nicht anregen, daß ich selbst ein neues Stück meiner Lebensgeschichte schreibe. Eine Revision der Abfallsbewegungen geriete leicht allzu indiskret und ordinär.

Meines bevorzugten Schicksals als Neuerer bin ich [mir] wohl bewußt. Daß unser Hauptfeind P. Schmidt eben das österreichische Ehrenzeichen für Kunst und Wissenschaft erhalten hat für seine frommen Lügen in der Ethnologie, rechne ich *mir* zum Verdienst dar. Er sollte offenbar dafür getröstet werden, daß die Vorsehung mich 80 Jahre alt werden ließ. Das Schicksal hat seine Wege, unsereinen altruistisch zu machen. Als mein großer Meister Ernst Brücke[1] seinerzeit diese Auszeichnung erhielt, verspürte ich im Ehrfurchtsschauer den Wunsch in mir auftauchen, einmal dasselbe zu erreichen. Heute bescheide ich mich damit, einem anderen indirekt zu solcher Auszeichnung verholfen zu haben.

Meine Jofie hält auf Exaktheit und will nicht von Ihnen Zofie genannt werden, Jo wie Jud.

Die Sammlung der Autoren, die Moses als Ägypter erkannt haben, nehme ich gern entgegen. Aber keiner hat etwas daraus gemacht.

Thomas Mann, der seinen Vortrag über mich fünf- oder sechsmal an verschiedenen Orten gehalten hat, war so liebenswürdig, ihn Sonntag 14. d. M. nur für mich persönlich in meinem Zimmer hier in Grinzing zu wiederholen. Es war für mich und die Meinigen, die anwesend waren, eine große Freude.

Ich verstehe, höre es aber ungern aus prinzipiellen Gründen, daß sich Ihre Reise nach Europa verschiebt. Vater und Bruder Emanuel[2] sind nur $81^1/_2$ Jahre alt geworden. Meine Anna ist sehr brav und tüchtig.

Mit herzlichen Grüßen und Wünschen für Ihre guten Augen

Ihr Freud

---

[1] Ernst von Brücke, 1819–1892, Professor der Physiologie in Wien, Direktor des Physiologischen Instituts.
[2] Freuds Halbbruder Emanuel Freud, 1836–1917.

Lieber Meister Arnold

Heute in einem Monat geht Ihr Schiff. Der Briefverkehr ist so schlecht, also muß ich antworten. Ich will es auch nicht länger aufschieben, meine Freude über die Besserung Ihrer Augen auszudrücken, eine Veränderung, die objektiv ersichtlich ist.

Den Looney bringen Sie mir wieder. Ich muß ihn bei anderen versuchen, bei Ihnen habe ich offenbar keinen Erfolg gehabt. Ihre Shakespeare-Theorie scheint mir ebenso unwahrscheinlich als sachlich unbegründet[1]. Das Persönlichste von Sh., seine Sonette, zeigen einen älteren Mann, der vieles in seinem Leben bedauert und einem geliebten Jüngeren sein Herz ausschüttet. Dieser Jüngling ist ein Aristokrat, wahrscheinlich H. W. Earl of Southampton. Der Dichter gibt sich eigentlich an einer Stelle unzweideutig zu erkennen, wenn er erwähnt, daß er einst den Baldachin getragen (nämlich über dem Haupt der Königin bei einer Prozession). Also ich warne den Dichter A. Zw. vor Sh.-Dichtungen auf unhaltbarer Grundlage.

Eines Ihrer Versprechen haben Sie nicht gehalten: vom Briefwechsel mit Emil Ludwig enthielt das Couvert nichts. Wie ich gehört, war er neben Masaryk[2] der einzige, der sich geweigert hat, die Adresse zu meinem 80ten Geburtstag zu unterschreiben. Im vorigen Sommer bin ich einem Maler, Victor Kraus, zum Opfer gesessen, der eine Cousine von E. L. geheiratet hat. Er hat mir garstige Dinge von seinem Benehmen erzählt.

Die Zeitverhältnisse, aber auch die Vorgänge innerhalb der Internationalen Psychoanalytischen Vereinigung lassen keine gute Stimmung bei uns aufkommen. Österreichs Weg zum National-Sozialismus scheint unaufhaltbar. Alle Schicksale

---

[1] Brief mit der Shakespeare-Theorie nicht veröffentlicht. Freud war von Thomas Looney's Theorie ›Shakespeare identified in Edward de Vere, the 17th Earl of Oxford‹, London 1920, sehr beeindruckt.

[2] Thomas G. Masaryk, 1850–1937, erster Präsident der Tschechoslowakischen Republik.

haben sich mit dem Gesindel verschworen. Mit immer weniger
Bedauern warte ich darauf, daß für mich der Vorhang fällt.

Wir sind zum vierten Mal in Grinzing, man muß gestehen,
der Garten war nie vorher so schön.

In herzlicher Erwartung   Ihr Freud

Haifa, Mt. Carmel, House Dr. Moses
16. 7. 36

Lieber Vater Freud,

heute möchte ich Ihnen nur schnell die Nachricht senden, daß
mein Paß in den nächsten Wochen in meinen Händen sein
wird und daß ich also im August bei Ihnen anläuten werde.
Ich hoffe, Sie sind wieder in der Hohen Warte oder sonstwo
gut untergebracht und fühlen sich wohl, soweit die politische
Entwicklung Sie nicht zu sehr ärgert. Ich selber bin leider selbst
in meiner Arbeit politisch und kriege überhaupt keinen freien
Kopf mehr. Betroffen stehe ich vor der Tatsache, daß die
Grundlagen des hiesigen Aufbaus noch mehr vernachlässigt
worden sind, als ich früher annahm, und ich leide sehr bei dem
Gedanken, wie wenig die jüdisch-arabische Zusammenarbeit
gepflegt worden ist, die doch für jeden Vernünftigen als Notwendigkeit auf der Hand lag. Aber unterirdische oder selbst
vorbewußte und bewußte Machtwünsche und -träume haben
verhindert, daß eingeleitet wurde, was unerläßlich ist: gegen-
seitige Zugeständnisse im gemeinsamen Lebensraum.

Ich habe wieder analytisch zu arbeiten angefangen, tief und
mühevoll geht es diesmal in Kindergeschichten hinein, und
wir entdecken überraschende Höhlenmalereien und rätselhafte
Denksteine, die wir langsam entziffern. Aber die Arbeit strengt
mich an, ich bin viel niedergeschlagen, und ich fürchte beinahe
die Unterbrechung der Arbeit, obwohl ich Ausspannen und
neue Luft bitter nötig habe. Aber seit die Arbeit an meinem
Roman an einer bestimmten und charakteristischen Stelle
stockte, nämlich dort, wo es dem Helden schlecht zu gehen an-

fängt, und ich gar keine Lust verspürte, an diese Nuß heranzu-
gehen, merkte ich, daß die Zeit für den Endkampf gekommen
war. Diesen neuen Roman bearbeitete ich jetzt, um die ersten
Teile in Druck geben zu können, wenn ich auch die Schlußbücher bis zu meiner Heimkehr vertagen muß; ich bringe das
Manuskript mit, und wenn Sie Lust haben, dieses halbfertige
Produkt zu lesen: einen besseren, liebevolleren und erfahrene-
ren Kritiker wird das Manuskript gewiß nicht finden. Charak-
teristisch ist auch, daß dieser Roman vorläufig eine ganz ver-
krümmte Rückensäule hat, an manchen Stellen macht sie zick-
zackförmige Ausschweifungen, und doch muß sie geradlinig
sein, um ausladende Rippen tragen zu können.

Nun, das wird sich alles mündlich viel besser machen. Ich hoffe
nur, in eine Ihnen günstige Periode hineinzuplatzen, Ende
August, wenn ich nicht irre. Lassen Sie es sich bis dahin gut
gehen, lieber Vater Freud. Ich freue mich sehr darauf, bei
Ihnen eintreten zu dürfen und zu sehen, wie gut Sie die Mai-
Strapaze hinter sich gebracht haben, und, nicht wahr, Sie werden mir aus Ihrem Moses vorlesen? Ich habe keine neuen
Nachrichten zu diesem Thema, mein kleiner Philologe ist zu
seinen Schwiegereltern nach London gefahren, ohne mir die
versprochene Zusammenstellung über Moses als Ägypter zu
hinterlassen; aber er wird sie später liefern. Und nun entschuldigen Sie die Maschine, und denken Sie freundlich, neben
besten Grüßen von Haus zu Haus, an

Ihren Arnold Zweig

P. S. Über Thomas Manns gute Gesinnung habe ich mich sehr
gefreut.[1] Er macht überhaupt als Mensch jetzt einen sehr lebendigen Eindruck. Aber was halten Sie von seinem Josephs-
roman? Wie beurteilen Sie ihn im ganzen und einzelnen, nach
Thema, Stil und Form?

[1] *Ein Brief von Thomas Mann [an Dr. E. Korrodi].* Neue Zürcher
Zeitung, 3. 2. 1936; aufgenommen in ›Reden und Aufsätze II‹, StGA,
Frankfurt/M., S. Fischer 1965. – Vgl. hierzu S. F.'s Brief vom 2. 5. 1935
(S. 117).

Lieber Vater Freud

Als Dr. Eitingon uns besuchte, stand noch nicht fest, wann ich nach Wien fahren würde – ob Mitte oder Ende August. Jetzt entschied sich, daß ich schon am 7. an Bord gehe, weil nämlich Hermann Struck und seine Frau ebenfalls bis Wien fahren und ich eine bessere Begleitung kaum finden kann. Solange die Ärzte nicht gesprochen haben, muß ich ja die Bahnfahrt als ein Risiko betrachten, das ich ungern eingehe, wenn ich niemanden neben mir weiß, der mir bei Verschlimmerungen helfen kann. Nun aber sind wir alle sehr beruhigt; und wenn auch mein kleiner Adam sich vor ein paar Tagen eine Darmverstimmung zugezogen hat und diese letzten zehn Tage von Arbeit und Vorbereitungen recht erfüllt sein werden, freue ich mich doch schon jetzt, Sie und die Ihren so viel früher wiederzusehen. Ich gedenke, Sie am 14. anzurufen: est hic surrexit. Bis dahin habe ich nur noch die herzlichsten Grüße als Vorboten zu senden

Ihres Arnold Zweig

Carmel, 1. Febr. 37

Liebster Vater Freud,

wir waren jetzt eine Woche in Jerusalem bei Eitingon, dessen Haus leer ist und der seine große Einsamkeit durch Besuche füllen möchte, und erfuhren, daß Ihnen wieder mal eine kleine Operation zustieß und daß Jofi tot ist. Das Bild des schönen, zärtlich-noblen und klugen Tieres will mich seither nicht verlassen. Wir sind ohne Worte einig über unsre Zeit, in der überall auf der Erdkugel den Menschen Schauerliches widerfährt, in jedem Augenblick, eben jetzt, da ich dies schreibe, Sie es lesen. Aber das ändert nichts am Gewicht des Verlustes, wenn ein geliebtes Wesen, zugegeben, in sein natürliches Fell gekleidet, nicht in einem gekauften, wegstirbt. Jofi war ein Kind aus der Fremde, das sich Ihnen ergeben wie eben ein richtiges Kind, mit weiserem Herzen als unsere durchschnittlichen Kinder. Daß sie Ihnen weggenommen wurde vor der Zeit, ist eine Art Barbarei des Schicksals, das ja in solchen Barbareien seit dem Kriege nur allzu geübt ist. Hoffentlich ersetzt Ihnen die Tochter, was Ihnen mit der Mutter verloren ging. Aber ganz wirds ja nie.

Mit dem Shakspere plage und amüsiere ich mich. Ich habe vorläufig das Vorlesenlassen der Oxfordbücher aufgegeben und will mal erst die Lebensdaten anhören, wie die Orthodoxen sie gesammelt haben. Fest steht jedenfalls, daß die Begegnung mit Oxford für den Dichter Shakspere entscheidend war, entscheidender als Goethes Eintreten in den Lebenskreis Schillers. Ob aber der Verfasser der Stücke darum schon Oxford sein muß, ist mir eine noch nicht überzeugende Lösung. Ein Farbenspiel von Fragen gruppiert sich um sie.

Sie werden froh sein zu hören, daß meine Myopie um $1^1/_2$ Dioptrien nachgelassen hat. Soweit das Konstatieren von Ärzten und Patienten reicht, ist dies objektiv und subjektiv festgestellt. Ich bin auch sehr vergnügt und trinke meine Karottensäfte, nehme meine Pillen, rauche nur grammweise Tabak und trinke Rotwein ein Gläschen pro Abend. Nur soll das in absehbarer Zeit beendet sein. Ausschlaggebende Besserung wäre ja erst zu verzeichnen, wenn ich wieder selber längere Zeit lesen oder gar arbeiten könnte. Letzteres wäre auch wirtschaftlich sehr wichtig. Es gelingt uns, das Budget nicht nur zu balancieren, sondern auch am Einholen von Verlusten zu arbeiten; aber nur durch amerikanische Wunder, wie z. B. der Book of the Month-Club war. Ohne solche Ausnahmen kommen wir gerade so durch, weil Dita und Michi in Analyse waren oder besser noch sind, Zahnärzte, meine Kur und Arzthonorare, die hohen Mieten – 14 IP pro Monat! – und Gehälter uns sehr belasten. Ich kann mir kein Taxifahren über Land leisten, und so werde ich diesen Frühling wohl wenig vom Lande sehen. Aber der Karmel tut es auch und unsere (miserable) Eisenbahn, wenn man Jerusalem besuchen will oder die wilde Stadt »Frühlingshügel« (Tel Aviv) mit ihrem neuen Häfchen. Daß ich einen Vortrag ›Emigration und Neurose‹ gehalten habe, der wert wäre, für Sie diktiert zu werden, und der also nach dem Roman diktiert werden soll, habe ich fast vergessen. Und das Bildchen nehmen Sie als Gruß von Dita und Ihrem stets getreuen dankbaren

A. Z.

Carmel, 21. 3. 37

Liebster Vater Freud,

wie sollten wir uns dieses Jahr nicht sehen! da es doch sicher ist, daß wir im Sommer alle nach Europa fahren werden – ganz schwere Zufälle mal abgesondert. Eine Schwierigkeit liegt freilich darin, daß wir wohl die billigste Fahrgelegenheit ergreifen werden, und die wird nach Marseille sein, hin und zurück zwischen 6 und 9 Pfund, Fahrt nach Paris eingeschlossen. Aber ich habe schon angefangen, in Prag wegen eines Vortrags anzuknüpfen, vielleicht halte ich auch zwei dort, einen in Brünn; und damit bin ich ganz nahe bei Wien, und mein Visum reicht bis tief in den Oktober. Kann also sein, daß es spät im Jahr wird – aber besuchen tu ich Sie und die Ihren ganz gewiß. Es wäre aber lieb, wenn Sie Ihren Aufenthalt auf Erden noch ein bißchen verlängern würden. 81½ Jahre haben Sie uns zugestanden. Dann haben wir aber nichts mehr von Ihnen, wenn wir Palästina endgültig den Rücken kehren. Und das werden wir nächsten Frühling tun. Es geht finanziell nicht mehr. Ich sitze zu weit weg von allen Gelegenheiten, zwischen zwei großen Romanen Geld zu verdienen. Wir brauchen mehr, als ich heute unter normalen Umständen verdienen kann, trotz großer Sparsamkeit, ohne Ansprüche an Auto oder viel Personal im Hause. Und inwieweit die Russen etwas daran ändern werden, bleibt abzuwarten. Sie versprechen ja zu zahlen. Aber erstens ist noch keiner der Romane dort erschienen, und zwei-

147

tens bin ich gegen das Chamäleonsgesicht ihres Verlagswesens skeptisch.

Mit dem Shakspere beschäftige ich mich in meinen Mußestunden, zur Erholung der Phantasie. Zwar bin ich nach wie vor kein Anhänger der Oxfordsaga, und wären nicht Sie es, der sie mir näherbrachte, so wäre ich schon zu folgendem Urteil gekommen: die Oxfordforschungen sind der beste, ja der einzige Beitrag zur Biographie Shaksperes, den es gibt. Ganz bestimmt hat Oxford Sh. aufs stärkste beeinflußt, ja gleichsam neu gezeugt. Was er ihm alles vermittelt hat, kann ich hier nicht ausführen. Sie wissen es besser als ich. Nur ist er nicht der Verfasser der Werke Sh.'s, sondern der Begatter. Viel stärker als Herder der des Jungen Goethe. Das weibliche Element im Dichter kommt so zu seinem Rechte. Er darf empfangen, wird in Schwingungen versetzt, lebt in Abkürzungen der Phantasie das gelebte Leben der anderen durch. Aber auch der Aristokratismus Shaksperes wird so »erzeugt«. Er ist nicht angeboren, sondern angevatert. Wie der des armen Nietzsche, des Prinzenerzieher-Sohnes. Ich wäre froh zu wissen, ob Sie mir hier recht geben können. Der bürgerliche Intellektuelle gegen den echten Aristokraten, Nietzsche verglichen mit Tolstoi oder gar Krapotkin, das ist Shakspere gegenüber Montaigne oder Cervantes. Da De Vere 1604 gestorben ist, muß sich die Spur seines Todes in Sh.'s Werk finden. Nun, wir müssen über all das reden. Ich möchte eine »Autobiographie« Shaksperes schreiben, aus dem Geiste des müden, verzweifelten Mannes, der in Stratford stirbt; des Dramatikers..., der aus dem Theater gewachsen ist wie Molière, Lessing, Iffland, R. Wagner, Wedekind, Brecht. Vielleicht nehmen Sie an all dem Anteil, obwohl sich das doch mit Ihrer Stellungnahme zu dem Problem nicht verträgt.

Aber ich kann nur so denken, wie ich halt denke, und gerade Sie haben uns doch über die Stufen zwischen Einfluß und Urheberschaft genauer unterrichtet.

Merken Sie, daß meine Augen schon viel leisten? Nun, ich lese auch schon wieder. Annas ›Ich‹[1] und Ihr ›Jenseits‹[2]. Beide Arbeiten beglücken mich, aber die Ihre ist der Mann und das ›Ich‹ die Frau. Wie es sich schickt. Die herrliche Klarheit Ihnen beiden gemeinsam. Die souplesse des ›Ich‹ und die großartige Unwiderstehlichkeit des Gedankenschritts im ›Jenseits‹ sind gleich bewundernswert und überzeugend, und die Kühnheit Ihres Naturbeobachtens macht mich glücklich. Liebster Vater Freud, das alles haben Sie für uns gewagt, und nicht vergebens.

Eitingon war ein paar Tage auf dem Karmel und bei uns, und nächste Woche wollen wir zusammen nach Baalbek und Damaskus fahren.

Grüßen Sie alle! Ihr Zweig

Wien ix, Berggasse 19
2. 4. 1937

Lieber Meister Arnold

Ich verstehe, daß Sie Palästina verlassen wollen, nicht nur abgeschnitten von Ihren Erwerbsquellen, sondern auch in der nationalistischen Atmosphäre vereinsamt. Ich darf also darauf rechnen, daß ich Sie im Spätsommer oder Herbst wiedersehe. Mein hereditärer Lebensanspruch läuft, wie Ihnen schon bekannt, im November ab. Ich möchte gern Garantien bis dahin annehmen, aber länger möchte ich wirklich nicht verzögern, denn alles herum wird immer dunkler, drohender und das Bewußtsein der eigenen Hilflosigkeit immer aufdringlicher. Auf Ihren späteren Aufenthalt in Europa möchte ich mich also nicht vertrösten lassen. Also nicht aufschieben. Über Shake-

---

[1] Anna Freud, ›Das Ich und die Abwehrmechanismen‹. Wien, Internationaler Psychoanalytischer Verlag, 1936.
[2] S. F. ›Jenseits des Lustprinzips‹. (1920) G. W. XIII, S. 1 ff.

speare werden wir viel zu diskutieren haben. Ich weiß nicht, was Sie an dem Stratforder noch anzieht? Er bringt doch gar nichts mit für seinen Anspruch, Oxford fast alles. Daß Shakespeare alles aus zweiter Hand nimmt – die Neurose Hamlet's, den Wahnsinn Lear's, den Trotz Macbeth's und die Natur seiner Lady, die Eifersucht Othellos usw., das ist mir eine unvollziehbare Vorstellung. Ich ärgere mich beinahe, sie bei Ihnen zu finden.

Daß Sie Anna's Buch so sehr schätzen, hat mich sehr gefreut. Das Kind ist ein tüchtiger, selbständiger Mensch geworden, dem zu erkennen vergönnt ist, was andere nur verwirrt. Ihretwegen möchte ich allerdings noch – aber sie muß doch lernen, mich zu entbehren, und die Angst, durch das Altern wichtige Stücke der noch intakten Persönlichkeit einzubüßen, ist ein den Wunsch beschleunigender Faktor.

Schönherr[1], der zum 70. Geburtstag das Ehrenzeichen für Kunst und Wissenschaft erhalten hat – das einzige, was der Korrespondent auch haben wollte, weil sein Meister Brücke es bekam –, muß wirklich ein großer Dichter sein, denn er hat in seiner öffentlichen Danksagung das Wort »Dauererkältung« gefunden, womit ich seit vielen Wochen auch meinen eigenen Zustand bezeichnen kann. An ein so abscheuliches Frühlingswetter können sich hier die ältesten Leute, ich unter ihnen, nicht erinnern. In drei Wochen wollen wir in Grinzing sein, aber werden wir es können?

Ein Bruchstückchen des Moses ist in die Imago geflattert, aber das schrieb ich Ihnen schon? Ich werde doch vergeßlich. Ihren Roman fand ich schon angezeigt, also kommt er bald zu mir. Herzlichste Grüße

Ihr Freud

---

[1] Karl Schoenherr, 1867–1943, österreichischer Schriftsteller und Dramatiker.

Liebster Vater Freud,

jeden Tag will ich Ihnen schreiben, jeden Tag ziehe ich vor, Ihre überwältigenden, befreienden Arbeiten zu lesen oder vorlesen zu lassen. Ich kenne so vieles noch gar nicht, zum Teil habe ich für schon Gelesenes neue Augen und Ohren bekommen. Ich bin noch ganz erschüttert vom Rattenmann[1] und vom Wolfsmann[2], weil meine eigene Analyse irgendwo zwischen diesen beiden liegt. Ich habe aufhören müssen, vorigen Mai, weil Dita und mein Ältester, Michi, zunächst der Wohltat bedürftig waren und außer S. eben niemand hier in Haifa ist. Einige Zeit vor dieser Krise hatte ich bei einem Erlebnis mit einer jungen Frau einen solchen Rückfall, daß ich im Grunde nochmals gründlich aufräumen müßte. Nun kennt S. schon viel von meiner Situation. Aber ich frage mich immer wieder, ob ich nicht zu Ihnen selber kommen sollte. Ich habe eine Übersicht über meinen Zustand gemacht, der ziemlich kompliziert ist. Aber sie ist noch nicht fertig, und ich denke noch darüber nach, das Schema dieser Übersicht zu verbessern; vielleicht, es allgemein brauchbar zu machen, um einen Fall zu fixieren. Ich möchte so gerne der Analyse meinen Dank abstatten, nicht nur Ihnen persönlich.

Sie glauben nicht, mit welchen Augen für Ihr Arbeiten ich diese Schriften lese. Sie sind ein Naturforscher, wie die Menschennatur überhaupt noch keinen gefunden hat. Was Sie einem Fall, einer Bewegung der Seele, einer Hemmung, einem Traum oder einem Symptom ablesen, erinnert mich stets an den Fall des Apfels, den Newton gesehen hatte. Ich könnte es einrichten, nächstes Jahr in Ihrer Nähe zu sein, ich meine, längere Zeit. Aber das Politische macht es schwer, weil ich in Wien nichts publizieren könnte, wie es jetzt scheint. Und dann spre-

[1] S. F. ›Bemerkungen über einen Fall von Zwangsneurose‹. (1909) G. W. VII, S. 379 ff.
[2] S. F. ›Aus der Geschichte einer infantilen Neurose‹. (1918) G. W. XII, S. 27 ff.

chen Sie vom Weggehen, und es ist ja wahr, so zum Kotzen war noch keine Zeit. Aber was tun wir dann? Soll man Sie ohne Bitten und Betteln ziehen lassen oder Ihnen erzählen, daß Sie uns noch nicht alleinlassen dürfen? Ach, liebster Vater Freud, wir müssen es Ihnen überlassen, ob Sie in den väterlichen Spuren bleiben wollen oder in Ihr Mütterliches hinübertreten, das Ihnen ja noch mehr als ein Jahrzehnt zudiktieren würde. Jedenfalls besuche ich Sie im Juli im Grinzing, und dann ...
immer Ihr

Zweig

Carmel, 1. Mai 37

Liebster Vater Freud,
jetzt kommt es mir bald komisch vor, die beiden Scherze an Sie abzusenden, die ich zu Ihrem Geburtstage verfertigt habe. Sie könnten den einen, den Goethe, vielleicht gar ärgerlich verwerfen und dann über die ›Deckerinnerung‹ auch nicht lächeln. Aber irgendein kleines Feuerwerk müßten wir für Sie doch veranstalten; und es soll ja bei Feuerwerken schon vorgekommen sein, daß dem Jubilar oder Ehrengast dabei ein Löchlein in den Ärmel gesengt worden ist. Das nur, um meine eigenen Gewissensbisse zu überreden; denn ich habe es herzlich gut und glückwunschmäßig im Sinne gehabt, als ich auf Eitingons Vorschlag einen mündlich improvisierten Scherz schriftlich und für ein Beisammensein in Jerusalem fixierte. Und nun: Auf gutes Wetter und Wiedersehn. Bei uns ists heute heiß und wüstenmäßig trocken, bei Ihnen wohl kalt und scheußlich. Aber Ihr Geburtstag ist bei uns eine Epoche, und wir feiern sie und Sie, indem wir Ihre Arbeiten lesen und glücklich spüren, wie wir durch Ihre Einsamkeiten und Qualen gesünder, produktiver, glücklicher geworden sind, wir und sogar unsere Kinder schon. Von Adam muß ich Ihnen mehr erzählen.
Alles Gute dem ganzen Haus, das so treu und liebenswert mit Ihnen das Leben hingebracht hat und weiter hinbringt!
Voller Dankbarkeit und Freude Ihr

Zweig

Wieviel Bände hat eigentlich die Sophien-Ausgabe[1] (einschließlich Briefen) wirklich?

Wien XIX, Straßergasse 47
Pfingstsonntag, 16. 5. 37

Lieber Meister Arnold

Nein, ich habe mich über Ihre beiden Scherze nur amüsiert, soweit ich dazu jetzt fähig bin, denn wochenlange Schmerzen machen mich endlich grantig, und ich finde, daß die Reaktionserscheinungen nach der Operation diesmal besonders lange anhalten. Irgendwie scheint der Goetheaufsatz die Shakspearetheorien zu parodieren, mit denen ich bei Ihnen, scheint es, wenig Glück gehabt habe, aber es ist doch nur ein ferner Anklang. Wieviel Bände die Sophien-Ausgabe hat, kann ich Ihnen von der Straßergasse aus nicht beantworten. British Encyclopaedia, Brockhaus und meine eigenen Gesammelten Schriften vertreten mir hier die ganze Bibliothek.

Es ist schön geworden im Garten, endlich. Man kann dem nicht entgehen, daß man der Worte im Frühlingslied gedenkt:

> »Die Welt wird schöner mit jedem Tag,
>
> man weiß nicht, was noch werden mag.«[2]

Aber dann meldet sich der Widerspruch. Man weiß, es wird nicht mehr viel werden.

Herzlich auf Wiedersehen!   Ihr Freud

Carmel, 3. Juli 37

Liebster Vater Freud,

davon, daß Sie bei mir mit irgendwas keinen Erfolg hätten, davon kann gar keine Rede sein. Sie haben 1. meine naive Philologen-Sicherheit in Sachen W. Sh. völlig zerstört. Sie haben 2. durch Ihr Eintreten Oxford zu einer wichtigen Figur, zu

---

[1] Die sogenannte Weimarer oder Sophienausgabe der Werke Goethes umfaßt 153 Bände.

[2] Zitat aus ›Frühlingsglauben‹ von Ludwig Uhland.

einem Thronanwärter des höchsten Dichtergrades gemacht. Ist das nichts? Und 3. haben Sie mir seit Oktober, unseren letzten Gesprächen, die Versuchung gegeben, eine Shakspere-Gestaltung zu machen, dergestalt daß der Mann in seinen letzten Wochen mit dem Schatten von Oxford kämpft und immer gestehen will: die Schriftstellerei ist gar nicht von mir, sie ist von jenem. Aber entscheiden kann ich nicht – noch nicht –, ob das ein echtes Geständnis sein soll oder eine Wahnvorstellung. Ich bin einfach nicht davon überzeugt, daß die Werke nicht von W. Sh. aus Str. sein sollten. Warum denn nicht? Weil sein Schulbesuch nicht nachgewiesen ist? oder weil er Geld gemacht und in Land angelegt hat? Liebster Vater Freud, was wissen wir von den Kollegen Shakespeares? Über Kyd, Peele, Greene, Webster, Massinger? 2 Generationen Bürgerkrieg haben da aufgeräumt. Und daß W. Sh. sagt, er habe den Baldachin getragen? Dante sagt, er sei in der Hölle gewesen. Der Wahrheitsbegriff der Dichter ist eigentümlich, er bezieht sich auf die Realität ihrer Vorstellungen, nicht auf den Gehalt dieser Vorstellungen an gelebter Realität. Aber über das und anderes werden wir bald reden – wie froh ich darüber bin!

Mit großer Freude habe ich in der letzten Nummer des N. T. B.[1] einen kleinen Aufsatz über Ihre Moses-Publikation gelesen. Diese selbst habe ich noch nicht zu Gesicht bekommen. Aber meine Erinnerung an das Ganze ist so stark und ein so teurer Besitz, daß ich mir auch nicht den Gesamteindruck beeinträchtigen lassen wollte dadurch, daß der Verlust wieder in Gefühl und Bewußtsein umgesetzt wurde, den wir erleiden, weil Sie das Buch verheimlichen. Ihre Gründe haben wir diskutiert, es sind gute Gründe; und um Ihren Beschluß zu respektieren, habe ich in der Öffentlichkeit von Moses und den Gründen der Verheimlichung nichts gesagt – obwohl ich Ihnen gern in unseren Zeitschriften Dank und Ehre erwiesen hätte. Aber damit wäre unbedingt eine Erörterung der österreichischen kleriko-faschistischen Reaktion verbunden gewesen – und dies

[1] N. T. B. = Das Neue Tagebuch.

hätte Ihnen nur störend sein können. Jedenfalls aber freut mich der respektvolle und verständige, offenbar jüngere Schriftsteller über die Maßen, und er hat von jetzt an in mir einen aufmerksameren Leser als vorher. Mir sind während des Vorlesens noch ein paar dieser fremden Führer eingefallen, i. a. Prinz Eugen für Österreich und Helmuth Moltke für Preußen, und wie war es mit Lykurg und Solon? Von den kleinen und größeren Umwälzungen, die sich in diesen Tagen und Wochen bei uns begeben haben, erzähle ich Ihnen mündlich – auf alle Fälle war eine völlige Neuaufstellung meiner Bücher damit verbunden, und jetzt stehen auf der obersten Reihe des Bücherbordes Ihre elf Bände ohne Schutzumschläge herrlich neben dreißig Goethe-Bänden und einer kleinen Nietzsche-Ausgabe auf Holzpapier. Und nun wünsche ich Ihnen schönes Wetter, wie wir es haben, und die tägliche Freude am Garten und an Ihren Nächsten. Und da wir erst am 21. abfahren (und zwar wieder mit Eitingon), schreiben Sie mir vielleicht noch einmal. Herzlich wie immer Ihr dankbarer

Arnold Zweig

Den Roman bringe ich Ihnen mit.

Zürich, 10. August 37

Liebster Vater Freud,
unser Schweigen zu erklären: uns wurde aus dem Zuge, während wir im Speisewagen aßen, Ditas Schrankkoffer mit all ihren Sachen geklaut – böswillig oder fahrlässig: weg war er. Wir blieben 3 Tage in Obernberg am Brenner, um Innsbruck Zeit zu Recherchen zu lassen. Mein scheußlicher Katarrh linderte sich in der wundervollen Luft so weit, daß ich wieder halblaut reden konnte, ohne Kehlkopfschmerzen zu haben. Der Koffer fand sich inzwischen nicht, noch nicht, und wir recherchieren weiter. Wir fuhren etwas erholt nach Luzern, gaben unseren lieben Adam im Kinderheim »Bergsonne« auf dem Rigi ab, badeten im See, fuhren gestern nach Zürich und kauf-

ten ein paar neue Sachen für Dita und erledigten Visa und Fahrkarten für die Rückfahrt. Wir sind sehr müde und etwas deprimiert. Die Wiener Tage mit Ihrer und Ihres ganzen Hauses Herzlichkeit werden erst wieder leuchten, wenn wir ruhig irgendwo liegen und die Tage und Ereignisse bedenken werden. Wir wußten gar nicht, daß wir so ruhebedürftig sind; allerdings ist es überall scheußlich heiß.

Ich schreibe bei Lampenlicht und soll es nicht, bin immer noch heiser und habe den Kontakt mit Basel noch gar nicht aufgenommen, wo mich Post erwartet.

Mit herzlichen und dankbaren Grüßen von allen für alle

Ihr Zweig

Eine Adresse gebe ich Ihnen später an.

Amsterdam, Mervedeplain 3
6. Sept. 37

Liebster Vater Freud,

daß ich immer an Sie denke, jeden Tag, nicht bloß, sooft ich Ihren herrlichen Ring an- und abziehe, werden Sie mir aufs Wort glauben – ist doch soviel Ungesagtes diesmal verblieben und war meine Freude doch so groß, Sie so wohl zu finden, die Ihren herzlich zufrieden, und Ihnen meinen Adam zuführen zu können, an dem mein Herz hängt, wie Jacobs Herz an Josef. Nur hatte ich all die Zeit des Koffers wegen, der Theater, Verlage und Verträge so viel zu schreiben, daß meine Augen Wunderbares leisteten. An Sie konnte ich da nur denken. Jetzt bin ich einer Sprachvergleichung auf der Spur, die die Identität von Jahwe und Jovis aus Sprachgründen beweist, und ein Professor Yahuda[1] hat mir seine Bücher zugesagt, die über die ägyptischen Einflüsse im Alt. Test. handeln. Beides wird für Sie vorbereitet und kommt zu Ihnen, Yahuda allerdings erst später.

[1] A. S. Yahuda, jüdischer Bibelgelehrter, neun Monate später Freuds Nachbar in Elsworthy Road, London.

Das Wetter ist jetzt herrlich, die jüdischen Neujahrstage locken mich nach Zandvoort. Ich habe aber eine Sekretärin genommen, die Schwester von Lily nebenbei, und mache das 8. Buch des Romans hier fertig, so daß Sie also noch Winfrieds erste Aufsässigkeit gegen Clauss, »Sohn« gegen »Vater« zu lesen bekommen werden. Die guten Gründe des amerikanischen Verlegers haben mich sogleich überzeugt – dieser Jude aus Ungarn, aus dem gleichen Ort wie S. Fischer, versteht von Form, Epik und Leserbedürfnis sehr viel und vom Geschäft auch. Und ich kann das ohnehin Fertige hier gut diktieren. Ein 3jähriges Töchterchen meiner hilfreichen Ruth sorgt dafür, daß immer etwas Entzückendes um mich ist, und wenn ich Dita in London treffe, habe ich das gute Gefühl, den Roman *wirklich* beendet zu haben. – Sowohl in Basel wie hier bahnen sich Theaterdinge für mich an, die eine längere Europareise im nächsten Mai fast notwendig erscheinen lassen und sogar rentabel...! Soviel heute, als Gruß und Besuch.

Mein Hals ist noch immer nicht ganz heil, und ich kann hier nicht rauchen – hier! Hoffentlich geht es Ihnen besonders gut.

Immer Ihr herzlich und sohnhaft·liebender

Zweig

Paris 8, 54 rue Galilée
Hôtel Madison Elysée
14. Okt. 37

Liebster Vater Freud,

das ist der erste Morgen in Paris und die erste Stunde Besinnung, und auch die ist nichts wert, weil mich hier ärgerliche Post erwartet hat und mein vorausgesandter Schrankkoffer 14 Tage unterwegs noch nicht im Hotel ist, sondern noch im Zoll. Aber ich muß gleich Verbindung mit Ihnen haben und Ihnen sagen, daß mich in London der Besuch bei Ihrem Ernst sehr gefreut hat. Er ist ruhig, heiter und von jugendlicher Tüchtigkeit, und das Haus ist entzückend in seiner einfachen Noblesse und Modernität. Ich bedaure immer wieder, daß Sie nicht mehr reisen. Sie hätten von dem modernen Komfort kosten und Ihre Kinder und Enkel in London besuchen sollen. Es ist ein zauberhaftes Reisen, wenn man kein Großgepäck hat... Ich bin nämlich von Amsterdam nach London geflogen.

Scheußlich ist nur, daß ich wahrscheinlich nicht wieder über Ihr Wien werde zurückreisen können. Das widrige Kleingestirn über dieser Reise wirkt weiter. Ich finde im N. T. B. eine Nachricht über den jiddischen Grischa und in meiner Post eine über den jiddischen Semael. Bis zu dieser Stunde bin ich von allen jiddischen Beherrschern der Bühne *nur* bestohlen worden. Wien brachte keinen Heller, Polen bisher 200 Zloty. Jetzt muß ich verhindern, daß uns verhältnismäßig wichtige Summen gestohlen werden. Die Gegenpropaganda gegen unsere Bücher ist groß, der Absatz in England und der deutschen Ausgabe mäßig, und fürs nächste Jahr hab ich bis jetzt Aussichten recht mittlerer Natur. Aber ich schlag nach Kräften um mich. Nur eben: die Zeit bis zum 27. wird vielleicht drauf gehn, hier und in Basel, wo mein Agent sitzt. Ich bin aber im Juni wieder da, und wenn es irgend geht, schon Anfang Mai, und natürlich bei Ihnen. Seien Sie mir nicht böse diesmal, liebster Vater. Grüße für Anna und das ganze Haus, auch von Dita, besonders von Ihrem

A. Z.

Mein Hals ist noch immer ganz miserabel.

Excelsior Savoia Palace, Trieste
27. Okt. 37

Liebster Vater Freud,

die letzte Zeile auf dieser Reise Ihnen. Eben telefonierte ich mit Eitingon, er sagte mir, es gehe Ihnen wirklich ausgezeichnet. Was will ich mehr? Schweißgebadet sitze ich am Schreibtisch und sehe einen Augenblick lang nach Wien, zu Ihnen hin, und dann wieder aufs Papier und nicke Ihnen zärtlich und dankbar zu. (Schweißgebadet bin ich jetzt stets. Alles bedeutet für mich eine Anstrengung, wenns nach den Hautdrüsen geht. Auch der Hals ist durchaus noch miserabel, einschließlich Nase und Luftröhre. Nun, das wird bekämpft werden.)

Der Verlag, wie alle Verlage, sandte mir was Falsches. Nämlich ein Imagoheft mit dem ersten Mosesfragment. Es sollte wohl aber die ›Endliche und unendliche Analyse‹[1] sein. Nun, ich freue mich auch auf das Erhalten des richtigen Heftes.

Und nun: Auf Wiedersehen im Frühjahr. Vieles hat sich angeknüpft, das im Winter betrieben werden soll. Und dann folgt hoffentlich Realisierung in Europa. Theater, Bonaparte.

Ihnen aber, Anna und Ihrem ganzen lieben Haus Gesundheit und gute Tage. Von mir lesen Sie im November – Ende November. Und wollen mir dann sagen, obs das Opfern der Reise wert war. Ich glaube: ja.

Immer Ihr   Zweig

Haifa, Carmel, 10. XII. 37

Liebster Vater Freud,

das Jahr darf nicht zu Ende gehen, ohne daß ich Ihnen berichtet habe, wie es mir bisher ergangen ist. Das Buch ›Einsetzung‹[2] ist inzwischen erschienen, man muß Ihnen schon ein Exemplar gesandt haben, Sie werden festgestellt haben, wie die beiden Schlußbücher wirken und ausgefallen sind, die ich in Europa meiner Erschöpftheit ablistete und mit denen einmal wieder bewiesen ist, daß realistische Erfordernisse, von einem Kenner der Lesewelt ausgesprochen, den Gesetzen der Form besser zu genügen wissen als die Meinung des Verfassers selbst. Denn die gerundete Abgeschlossenheit des Buches ist dem trockenen Verlangen des Amerikaners und ungarischen Juden B. W. Hübsch[3] zu danken, der aussprach, daß der Leser

[1] S. F. ›Die endliche und die unendliche Analyse‹. (1937) G. W. XVI, S. 57 ff.

[2] A. Z. ›Einsetzung eines Königs‹. Amsterdam, Querido, 1937.

[3] B. W. Hübsch, Leiter der Viking Press, New York.

nicht 2 Jahre warten könne, um im nächsten Roman zu erfahren, was der Held erlebt habe. Basta. Vor ein paar Tagen bekam ich die ersten Exemplare, und das Gefühl war gut und beglückend, 10 Jahre ohne Schädigung und gegen alle Hemmungen dem Reifen des Romans zugeschaut und in den letzten beiden alle Kraft in die Gestaltung gesetzt zu haben: unter Ihrer geliebten und immer wieder gefeierten Patronanz. Und nun mache ich eine Pause, gehe müßig, fahre nach Tel Aviv zu meiner Freundin Lily, die inzwischen ihrem Mann dorthin gefolgt ist, freue mich Ditas, der Kinder, der wunderbaren Natur, und betreibe ziemlich lau, aber doch interessiert allerlei Hilfen für meine Augen.

Tel Aviv, 12. 12. 37

Und nun diktiere ich weiter, was eigentlich am gestrigen Tage hätte mit der Hand geschrieben werden sollen; es kamen nur zu viele Besucher und ein Schub aktueller Post, der nicht liegen bleiben durfte. Der Augenarzt, den ich hier konsultiere, ist ein junger Wiener, Dr. Much. Er war Assistent von Heine in Kiel, dem Erfinder der Haftgläser, und nachher Assistent an der Luzerner Augenklinik. Dort hat er die Einwirkung von Amylnitrit auf die Erkrankungen des Augenhintergrundes studiert und acht Fälle genau überwacht, kontrolliert und beschrieben. Seine Veröffentlichungen habe ich meinem sehr vorsichtigen Hausarzt, Dr. Meyer-Brodnitz, mitgebracht und nach einer Beratung mit ihm mich entschlossen, es mit der Einatmung von Tropfen Amylnitrits als Tagesdosis zu versuchen. Sie wissen ohne Zweifel, daß Amylnitrit die Gefäße erweitert und durchblutet und infolgedessen dem Auge Möglichkeiten gibt, die störenden Skotome durch bessere Ernährung der Netzhaut zu verringern oder gar zu beseitigen. Die Fälle, die Much behandelt hat, ergaben durchweg eine überraschende Erhöhung des Sehvermögens, manche bis zur völligen Normalisierung des Auges; alle Patienten waren nur unwesentlich jünger als ich, einige älter, und in allen Fällen wurde die Beobachtung lange durchgeführt, zwischen einem halben und anderthalb Jahren, ohne daß nachträgliche Schädigungen oder ein Nachlassen der Wirkung zu beobachten gewesen wäre. Das Seltsame ist nun, daß meine medizinische Intuition wieder einmal bestätigt wurde: seit sechs Jahren versicherte ich meiner Umgebung, mir könne nicht ein Augenarzt helfen, sondern ein Physiologe, der die Durchblutung des Augenhintergrundes zu erhöhen verstünde, ohne daß erhöhter Blutdruck neue Brüche in der Adernhaut hervorbringen könnte. War die Gersonkur auch schon ein, und zwar gelungener Versuch in dieser Richtung, so scheint mir das Amylnitrit ein zweiter, wesentlich schneller wirkender Schritt zu sein; die Erfolge zeigten sich durchschnittlich nach den ersten zehn Tagen, steigerten sich dann bis zur Beendigung der Kur (etwa dreißig Tage) und, was das Wertvollste zu sein scheint, nahmen auch noch nachher zu. Bei alledem schießen mir viele Einfälle durch den Kopf, wie es zu dieser Unterernährung der Netzhaut gekommen sein möchte, und warum sich meine Tb. gerade den Augenhintergrund ausgesucht hat, wenn die Tb-Hypothese richtig ist, woran die hiesigen Ärzte ja zweifeln. Sowohl mein Vater wie meine Mutter hatten abnorme Augen, mein Bruder machte eine Netzhautablösung durch, meine Schwester hat 9 Dioptrien in ihrer Brille. Erbliche Anlage wäre also gegeben. Gleichwohl muß bei einem so sehr auf Sehen gestellten Kind, wie ich es war, auch Neurotisches mitgespielt haben, um vielleicht durch Verkrampfung von Gefäßen aus seelischen Gründen eine Schwächung gerade der Augen hervorzubringen. Ich denke, wir werden Gelegenheit haben, darüber zu sprechen. Ich habe zugesagt, im Juni als Delegierter des P. E. N.-Clubs in Prag aufzutreten. Da ich mir keine große Arbeit mehr vornehme, sondern vieles fertigzumachen habe, werde ich hoffentlich diesmal schon im Mai nach Europa kommen können und, wenn die Umstände es erlauben, für die schönen Länder östlich Deutschlands viel Zeit haben. Es ist überhaupt ein Jammer, daß praktisch Österreich als Wohnort für mich und Erziehungsort für die Kinder aus-

scheidet. Denn die wirtschaftliche Lage für mich wäre in Österreich nicht anders als hier in Palästina. Und so dringlich wir
Wien vorzögen, schon um in Ihrer Nähe sein zu können: politisch wäre ich ebenso lahmgelegt und noch viel gefährdeter, als
ich es hier bin – hier, wo man mir zu meinem 50. Geburtstag
viele Freundlichkeiten erwiesen hat. Das beeinflußt natürlich
nicht unsere Entschlüsse, nicht wahr? Aber der Horror vor einer
neuen Emigration ist bei Dita und auch bei mir sehr groß. Wir
sind nicht mehr jung genug, um uns leicht oder auch nur mit-
telschwer in neue Verhältnisse hineinzufinden, wenn die uns
nicht sofort mit wirtschaftlichen Erleichterungen entgegen-
kommen. Und wo wäre das jetzt der Fall? Da arbeite ich jetzt
an der Beendigung meines Stückes ›Bonaparte in Jaffa‹. Dies
geschieht, weil der Regisseur, Schauspieler Gustav Hartung in
Basel, eine Bühne für dieses Stück hat und entschlossen ist, es
und andere meiner Stücke zu spielen, sobald er das Manuskript
bekommt. Aber glauben Sie, daß davon irgendwelche wirtschaftlichen Vorteile in deutschsprachigen Gebieten zu erwarten wären? Bestenfalls kann Prag und Brünn das Stück erwerben und, wenn das Wunder es will und die Konkurrenzemp-
findungen der Züricher Direktion gegen das heraufkommende
Basel nicht zu stark sind, auch Zürich. Aber sonstwer? Nicht
einmal Wien wird es spielen. Und doch muß ich die Chance
wahrnehmen, weil eine schwache Möglichkeit besteht, englische und amerikanische Theater nach einer deutschen Urauf-
führung zu gewinnen. Bei diesen letzteren wieder ziehen die
Agenten und Bearbeiter, Producer und Regisseure im Ganzen
50 Prozent der Einkünfte ab . . .
Es ist jetzt 1 Uhr, ich komme aus dem Meere, es ist warm, herrliche Sonne, das Schwimmen macht mich glücklich. Überhaupt
geht es mir jetzt richtig gut und allen um mich rum auch. Und
von Ihnen hör ich das gleiche und bin voll dankbarer Gefühle.
Inzwischen dankt Ihnen für Ihre Existenz und ist glücklich

Ihr A. Z.

Lieber Meister Arnold

Schön, ein Brief mit nur guten Nachrichten, einige darunter sogar sehr gut wie der Bericht über die Besserung der Augen. Bleibt es so oder setzt sich noch fort, so werde ich versuchen, freundlicher über das Amylnitrit zu denken. Man gab es mir zur Zeit meiner Herzbeschwerden, und ich haßte es, weil mir die Empfindungen der Congestion im Kopf so unangenehm waren. Und 50 Jahre alt sind Sie auch geworden, ohne daß ich Ihnen zum halben Jahrhundert Kunstschaffens und Kämpferlebens einen herzlichen Gruß schicken konnte.

Ich hätte Ihnen auch schon früher geantwortet, wenn ich nicht die neuen Kapitel der Einsetzung abgewartet hätte. Als das Buch ankam, schickten wir es sofort unserer Freundin Dorothy Burlingham, die eben zur Behandlung eines Tbc-Schubes ein Sanatorium aufgesucht hatte. Von dort brachte Anna die Nachricht, daß die Geschichte über Bärbel's Tod fortgeführt sei, und mußten wir warten, bis das Buch zu uns zurückkam.

Gewiß hatte Ihr praktischer Berater recht mit der Mahnung, daß man den Leser nicht zwei Jahre lang auf die Vollendung der Schicksale warten lassen könne. Aber ich hätte doch einen zweiten Band vorgezogen. In der Verkürzung ist manches, so das Politische, zu kurz gekommen. In Ihrem Interesse kann ich es kaum bedauern, daß Sie nicht Wien zur neuen Heimat gewählt haben. Die Regierung hier ist eine andere, aber das Volk ist dasselbe, in der Anbetung des Antisemitismus durchaus einig mit den Brüdern im Reich. Die Kehle wird uns immer enger zugeschnürt, wenn wir auch nicht erwürgt werden. Palästina ist wenigstens noch British Empire, das ist nicht zu unterschätzen.

Ich werde noch vor Jahresfrist einen Mosesabdruck an Sie absenden können. Er wird gewiß Aufsehen machen in einer nach Sensation lüsternen Welt. Mehrere Angebote aus Amerika, selbst aus England, eine »Psychoanalyse der Bibel« bei den entsprechenden Firmen zu veröffentlichen. Ich erkenne es, ich bin nicht berühmt, aber ich bin »notorious«.

Meine Katarrhe sind dieselben geblieben, wenigstens hier ist Treue.

Mit herzlichen Wünschen für unser nächstes Jahr

Ihr Freud

Carmel, Haifa, 30. Jan. 38

Liebster Vater Freud,

was gibt es heute nicht alles zu sagen und zu fragen! Erstens den herzlichsten Dank für Ihren lieben Brief vom 20. 12., zu dessen Würdigung ich allein eine Seite brauchen würde. Aber zuerst muß ich loswerden, was mich seit Tagen erregt. Ein Artikel von André Germain in der ›Palestine Post‹ nachgedruckt, zeigt die Möglichkeit an, daß Sie sich entschließen könnten, Ihr Wien zu verlassen. Daß irgendein Dreckblatt Sie insultiert, das könnte Sie wohl nicht vom Fleck bewegen. Aber wenn Sie eine freiere, menschlichere, fairere Atmosphäre für Ihre letzten Jahre aufrichten, wenn Sie für den ›Moses‹ eine Öffentlichkeit erwürben noch bei Lebzeiten – was für schöne Früchte aus dem empörenden Boden des Austro-Nazismus! Man brauchte nicht mehr über Wien zu fahren, kein italienisches Schiff mehr betreten, die fiesen Gesichter der Wiener Kleinbürger nicht mehr bestaunen. Man führe von Haifa nach Marseille oder flöge nach London, oder nähme ein Orangenschiff nach Liverpool oder Southampton, und eine direkte Linie verbände uns. Und wenn wir dies Land zu verlassen uns entschlössen, würden wir Ihre Nähe suchen und uns so einrichten, daß wir uns noch oft sehen könnten. Aber wahrscheinlich ist das alles gar nicht real – Sie haben Ihre bösen Erfahrungen mit den Zeitungsindianern – und bleiben in Wien, und wir kommen dorthin, um Sie im Leben und danach aufzusuchen ... Ihre Leistung wird ohnehin zur Unsterblichkeit des Wiener geistigen Lebens im 19. und 20. Jahrhundert ausreichen. Dieser Moses 2. Folge schon allein! Er hat mich beglückt. Nicht nur, weil er mir die Stunden wieder heraufbrachte, in denen Sie, im Garten und drinnen, mir selber vorlasen, was jetzt, gedruckt, die Verständigen bewegen und erregen wird – wie es im Hören mich aufregte und überzeugte. Einige Einwände werden gemacht werden – z. B. ist die Übernahme von Namen aus herrschenden Kulturen in der Antike, im Mittelalter wie in der Neuzeit Ihnen sicherlich geläufig – aber das Ganze in seiner vorsichtigen Kühnheit wird nicht mehr überhört werden.

10. II. 38

Was für gute und schlechte Gründe die Absendung oder besser Fortsetzung dieses Briefes verzögert haben, vermag ich nicht einmal anzudeuten. Keinesfalls Gleichgültigkeit, das wissen Sie. Eher das Gegenteil. Es gab eine Korrespondenz mit Dr. Eitingon anläßlich eines Aufsatzes von André Germain über Ihre Umzugspläne. Dann diktierte ich einen langen Aufsatz über die zehn Gebote, den ich Ihnen senden wollte, weil er Ihnen vielleicht Spaß machen wird. Darin ein Absatz über das 1. Gebot, das erst durch Ihren ›Moses‹ Sinn bekommt. Es statuiert nämlich, daß Jahve es sei, der die Juden aus Ägypten befreit habe. Sehr nötig – denn es besiegelt so den Friedensschluß zwischen den Leviten und den Jahwisten von Kadesch. Dann hab ich meinen ›Bonaparte in Jaffa‹ fertiggemacht und warte nur noch auf Akt 5, ehe ich ihn an Sie sende. Und schließlich bearbeite ich einen Jugendroman für die Herausgabe, ein Ms. von 1909, das 1908 spielt. Von alledem wollte ich Ihnen berichten. Jetzt stehn aber so kuriose Dinge in der Zeitung, daß ich mich erst mal beeile, Sie zu fragen, wie es Ihnen geht und was Sie in den nächsten Wochen vorhaben. Es ist so komisch zu denken, daß Sie doch wirklich nicht gezwungen sind, in Wien zu leben und Ihren friedlichen Lebensabend freiwillig dort verbringen. Grüßen Sie herzlich Ihre liebe Gattin, Anna und Ihr ganzes Haus von Ihrem

Zweig

Liebster Vater Freud,

es ist kein gutes Wetter heute, wir haben low pressure und prompt fallen Migräne und Nervosität ein, meine Vice-Sekretärin läßt sich telefonisch entschuldigen, ich selbst habe weder Schwung noch Einfälle, und alles will nicht so recht. Am Samstag sprach ich Eitingon, gestern S., wir wünschen sehr, zu hören, ob die Prinzessin oder Dr. Jones sich bei Ihnen gemeldet haben. Wie soll unsereiner es nur anstellen, Sie zu besuchen und zu sprechen[1]?

Ich habe hier endlich meinen Aufsatz über »eine Besonderheit der zehn Gebote« für Imago fertig; nur habe ich ihn für ein neues amerikanisches Magazin geschrieben, zu zutraulich an den Leser gewandt für eine Revue vom Range der Imago. Ich wollte ihn gern noch umstilisieren und mit einigen Zitaten versehen, die bei Amerika wegbleiben müssen. Aber wo wird der umgearbeitete Aufsatz die Imago treffen? Von Ihrem Leben zur Zeit haben wir alle keine rechte Vorstellung; arbeiten Sie noch? Oder ist das Wetter schon so, daß Anna Sie im Wagen spazieren fahren kann? Das wäre so gut; denn Sie müssen daran denken, daß wir ohne Sie eine Herde ohne den Hirten sind und ein Kinderstall ohne Vater, um es biblisch auszudrücken.

Die neuen Entwicklungen bei Euch haben uns natürlich überrascht; mich weniger. André Germains Aufsatz war geeignet, auf manches vorzubereiten. Dennoch ist unsere Unruhe natürlich groß, die Berggasse beherrscht unsere Gedanken, wir hoffen, bald von Ihnen ein paar Worte zu sehen.

Und die Ihren? Ihre liebe teure Gattin, Anna, Martin, Tante Minna? Sagen Sie allen von uns allen die besten Grüße! Ich besonders besehe mir Ihre Bilder, das neueste in der ›Selbstdarstellung‹ besonders, und stelle mir vor, daß bei Ihnen privat alles bleibt, wie wir es kennen und lieben. Ihr leicht deprimierter

A. Z.

[1] Am 11. 3. 1938 war Hitler in Wien einmarschiert.

Falls Sie Eitingons Nachricht gegeben haben und zur Zeit nicht gern viel schreiben, genügts vorläufig, denn er will so lieb sein, uns auf dem Laufenden zu halten.

Wien IX, Berggasse 19
21. 3. 38

Lieber Meister Arnold,
Seitdem ich in der (spärlichen) Post dieses Morgens Ihre Hand erkannt habe, drängt es mich, Ihnen Nachricht zu geben, damit Sie nicht einen Tag länger als unerläßlich an meine Gleichgültigkeit gegen Ihre Teilnahme glauben sollen.
Ich habe einige besonders ungünstige Wochen hinter mir. Vor 4 Wochen eine meiner gewohnten Operationen, darauf ungewohnt heftige Schmerzen, so daß ich durch 12 Tage meine Arbeit einstellen mußte und mit Schmerzen und Wärmflaschen auf der Couch lag, die für andere bestimmt ist. Kaum daß ich die Arbeit wieder begonnen hatte, traten jene Ereignisse ein, die, Weltgeschichte im Wasserglas, unsere Leben verändert haben. Ich konnte beim Radio lauschen der Kampfansage wie dem Verzicht, dem einen Jubel und dann dem Gegenjubel. Im Laufe dieser »eventful week« haben mich die letzten meiner wenigen Patienten verlassen. Ich bin noch nicht ganz schmerzfrei, kann also nichts arbeiten, tue also gar nichts. Unser Haus ist freilich sehr unruhig, Freunde erkundigen sich nach unserem Befinden, zwei sehr erwünschte Besucher, Prinzessin Marie [Bonaparte] und Dr. Jones waren ständige Gäste. Die beiden sind hauptsächlich gekommen, um die internationalen Rechte auf Verlag und Institut zu vertreten. Jones ist gestern abgereist, nachdem er noch mit dem aus Berlin gerufenen Dr. Müller-Braunschweig[1] von der Deutschen Psychoanalytischen Gesellschaft konferierte. Prinzessin, uns allen unschätzbar, ist noch hier. Leider bin ich nicht der einzige Invalide. Tante Minna befindet sich nach ihren zwei Staroperationen im Sana-

[1] Dr. med. Carl Müller-Braunschweig, Mitglied der Berliner Psychoanalytischen Vereinigung.

torium, die Operationen sind gut verlaufen, aber ihr Allgemeinbefinden ist unbefriedigend. Meine Frau und beide Töchter sind wohl und tüchtig, Anna vor allem. Da die gewohnte Übersiedlung nach Grinzing sehr unwahrscheinlich geworden ist, überlegen wir viel, wo wir Frühling und Sommer zubringen sollen. Wir sind noch zu keinem Entschluß gekommen, es fehlen auch noch die Bedingungen für eine Ortsveränderung. Es kann Wochen dauern bis zur Entscheidung.

Geben Sie unterdes das Wesentliche dieser Mitteilungen weiter, besonders an Eitingon. Ich grüße Sie herzlich mit Frau und Kindern – und ich hoffe mit einiger Zuversicht auf ein Wiedersehen in diesem Jahr.

Ihr Freud

Wien, 21. 5. 1938

Brief erhalten[1]. 39, Elsworthy Road, London N. W. 3, unbestimmt wann, hoffentlich noch im Mai!

Herzlich Ihr Fr.

Haifa, Mt. Carmel, 4. 6. 38

Liebster Vater Freud, teure Frau Professor, liebste Anna,
gestern abend rief Eitingon, der treue Freund, an, um zu sagen, morgen früh verließen Sie alle Wien. Und obwohl mein Unglaube an das gute Ablaufen der Dinge noch nicht ganz behoben ist, will ich doch denken, nach all dem Fürchterlichen werde jetzt endlich diese kleine Schicksalsgnade klappen. Und so: beide Hände und aus heißem Herzen die alte dumme Formel: Gottseidank! Ihre Karte, liebster Vater, kam schon als gutes Vorzeichen, obwohl Ihre Schrift sagte, was Ihre Worte verschweigen mußten. Aber was auch verloren sei, was auch neu aufgebaut werden müsse: Sie sind draußen und sehn auf die rauchenden Trümmer zurück wie die Entflohenen von So-

[1] Brief Zweigs nicht veröffentlicht.

dom ... Daß das kommen mußte, daß die Lords Wien und Österreich an die Schurkenpest kommen lassen mußten, um zu zeigen, in welcher Welt wir leben! Welch ein Jammer und was für Tragödien! Und daß Ihr alle so lange, so Schuschnigg-gläubig in einer Stadt sitzen bliebt, bis der Müll Euch wie eine Lawine zudeckte! – Aber nun wird alles besser und leichter sein und langsam Ruhe und Freude an den so lange entbehrten Enkeln ins verwundete Herz strömen. Ist Martin, wie es heißt, illegal über die Grenze? Und hatte er vom Verlagsvermögen irgendetwas, oder von Ihrem Privatvermögen, gerettet? Wie gut haben Sie mich damals gewarnt! Und doch ist ja nur eines wichtig: Sie sind in freier Luft und imstande, wieder aus dem Fenster zu sehn, ohne die Rotten des menschlichen Abfalls zu sehen. Gutes Ausruhen, nichts als das zunächst, wünscht Ihnen allen und Ihnen besonders Ihr

Zweig

Dita grüßt wie ich, selbstverständlich.

Wien, 4. 6. 1938

Leaving today for 39, Elsworthy Road, London N. W. 3.
Affect. greetings

Freud

4. 6. 38 Haifa

Dem Vater Freud:

Was ich war, bevor ich
Dir begegnet,
Steht in diesen Seiten
mannigfalt.
Welches Leben war wie
Deins gesegnet?
Welches Wissen hat wie
Deins Gewalt?

A. Z.

Mt. Carmel, 18. 6. 38

Liebster Vater Freud,

Ihre lieben beiden Karten kamen wie Händedrücke hier hin-
auf. Aber zum Glück wußten wir durchs Radio und von Eitingon durchs Telefon, daß das Nötigste geschehen war. Nun sind
Sie in Sicherheit, weg von den Opfern einer jahrzehntelangen
Rachsucht. Und wenn auch Ihre arme tapfere Schwägerin sehr
krank sein soll, wie St. Zweig mir schrieb, ist doch ein Alp von
uns allen. Meinen ersten Brief nach Elsworthy Road müssen
Sie bei der Ankunft vorgefunden haben. Viele Fragen hat die
Zeitung schon beantwortet: Ihr Archiv, Ihre Bücher, die
Sammlungen sind gerettet. Und Jofi? ist sie schon... eben
merke ich meinen sonderbaren Irrtum. Ich wollte nach Luen
fragen. Aber solch eine Umsiedlung ist ja eine Auferstehung,
die Reise eine Fahrt aus dem Totenland, der Einbruch der
ägyptischen Finsternis über Wien war ein Überfall des Todes.
Und so durfte sich auch Jofi melden, nicht wahr?

Oft denke ich an Sie, öfter diesmal aber an Ihre Anna. Sie hat
doch lauter Arbeit und Freude an der lebenden österreichischen
Substanz zurücklassen müssen. Und die von ihr betreuten Kinder wie Hochroterd sind ja unersetzlich. Aber hols der Teufel,
der es geholt hat, weil die Feigheit der Schuschnigg von dem
kühlen Kampfsinn der Engländer benutzt werden konnte, oder
vom klugen Kapitalismus der Hightories um N. Chamberlain.
Fest steht, daß uns das Haareraufen des Lord Halifax nichts
nutzt: Wien ist hin. Ich hoffe, bei Gibbon eine gute Schilderung der Einnahme Roms durch die Goten zu finden, noch lieber läse ich, aber wo? die Einnahme von Byzanz durch Murat
oder Jerusalems durch die Kreuzfahrer.

Aber nun ruhen Sie sich aus, Ihre liebe teure Frau wird ja mit
ihrer Schwester noch viel Tätigkeit haben, ehe sie selbst ausspannen kann. Und wenn Sie sich so fühlen, daß Sie unsereinen sehn können und wollen, komme ich. Meine Analyse bei
S. geht zu Ende. Dann mache ich für die Augen noch eine salz-
lose Diätkur. Und dann kann ich nach Europa. Und Europa ist

ein kleines Fleckchen jetzt: France, Holland, England, Skandi-
navia, Schluß: Daß Thomas Mann in U. S. A. bleibt, wissen
Sie. Was wir nächsten Mai machen, ist noch nicht raus. Nur
werden wir Palästina schweren Herzens räumen. Darüber kann
ich aber noch nicht viel sagen. Wie wir Ihren Verlag wieder neu
gründen können, das wird die Sorge der nächsten Monate sein.
›Einsetzung‹ scheint in Anglo-Amer. eine gute Presse zu
haben. Über den Verkauf freilich sind die Leute skeptisch...
Alles, alles Gute Ihnen inzwischen und Ihrem ganzen, glücklich verpflanzten Haus!

Ihr Zweig

Haifa, Mt. Carmel, 24. 6. 38

Liebster Vater Freud,
mit ungeheurer Freude höre ich, daß man Sie wieder einmal
dem Nobelkomitee in Erinnerung bringt. Bescheiden wie ich
bin, deute ich darauf hin, daß ich mit Th. Mann darüber schon
vor 2 Jahren Briefe gewechselt habe. Heute, hoffe ich, wirds
was werden. Es wäre auch zu lachhaft. Heute muß ich so groß
schreiben, weil mein Lese-Auge etwas ermüdet ist. Die Wild-
heit der Stinktiere in Berlin dürfte aus innerem Druck erzeugt
sein, oder um für den Kriegsfall »Meckerer« auszubooten.
Wir sammeln hier fleißig antiquarische Analytika als Druck-
vorlagen für später.
Wird es Anna möglich sein, die ich herzlich grüßen lasse, den
einliegenden Brief zu frankieren und einzuwerfen? Schönsten
Dank! und immer in Ihrer inneren Gegenwart Ihr

Zweig

Als es hieß, daß Sie Ihre Sammlungen freiwillig der Stadt
Wien hätten schenken müssen, sagte Adam sofort: »Dann
schicken wir dem Herrn Professor gleich die schöne Vase wieder, die er mir geschenkt hat.« Als ich sagte, vielleicht werde
es Sie kränken, wenn Sie sein Geschenk zurückbekämen, sagte
er erschrocken: »Nein, dann wollen wir sie lieber gleich behalten.«

171

Lieber Meister Arnold,

Lassen Sie sich doch von der Nobel-Chimäre nicht meschugge machen. Es ist nur zu gewiß, daß ich den Preis nicht bekommen werde. Die Analyse hat mehrere sehr gute Feinde unter den offiziellen Personen, von denen die Zuteilung abhängt, und niemand kann von mir erwarten, daß ich aushalte, bis sie sich bekehrt haben oder ausgestorben sind. Somit, obwohl die Geldsumme mir sehr willkommen wäre, nach dem nazistischen Aderlaß in Wien und der Subsistenzlosigkeit von Sohn und Schwiegersohn, haben Anna und ich uns geeinigt, daß man nicht von allem haben muß, und haben verzichtet. Ich auf den Preis und Anna auf die Reise nach Stockholm, ihn zu holen.

Es geht uns sehr gut, ginge uns sehr gut, wenn nicht die angreifenden Nachrichten aus Wien, die unausgesetzten Anforderungen zu helfen, durch die man nur immer an die eigene Ohnmacht gemahnt wird, jedes Gefühl von Behagen ersticken würden. Es ist kein Stoff für einen kurzen Brief.

Ihren Brief an das Home Office haben wir der Post übergeben, neugierig zwar, aber doch anständig genug, ihn nicht zu öffnen.

Ich schreibe hier mit Lust am dritten Teil des Moses. Eben vor einer halben Stunde hat mir die Post einen Brief eines jungen jüdischen Amerikaners gebracht, in dem ich gebeten werde, den armen, unglücklichen Volksgenossen nicht den einzigen Trost zu rauben, der ihnen im Elend geblieben ist. Der Brief war nett und wohlmeinend, aber welche Überschätzung! Soll man wirklich glauben, daß meine trockene Abhandlung auch nur einem durch Heredität und Erziehung Gläubigen, selbst wenn sie ihn erreicht, den Glauben stören wird?

Um zum Nobelpreis zurückzukehren: es ist kaum anzunehmen, daß die offiziellen Kreise sich zu einer so schroffen Herausforderung Nazi-Deutschlands, wie meine Auszeichnung wäre, entschließen würden.

Ich habe mehrere interessante Besucher gehabt: Professor Yahuda, Prinz Löwenstein, Wells..., R. Bermann (Arn. Höllriegel, kennen Sie ihn?), Zweig, Prof. Malinowski und erwarte andere. Das Erfreulichste war der Besuch zweier Sekretäre der R. S.[1], die das heilige Buch der Society zu mir brachten, damit ich meine Unterschrift hineinsetze, da ein neuerliches Leiden (Blasenstörung) mich am Ausgehen verhindert. Ein facsimile des Buches haben sie bei mir gelassen, und wenn Sie bei mir wären, könnte ich Ihnen die signatures von J. Newton to Charles Darwin zeigen. Gute Gesellschaft!

Mit herzlichen Grüßen für Sie mit Frau und Kindern

Ihr Sigm. Freud

P. S. Ich muß mich an eine neue Unterschrift gewöhnen, da, so hat man mich belehrt, seinen Familiennamen allein zeichnet hier nur ein Lord. Im ganzen ein absonderliches Land.

Mt. Carmel, 16. VII. 38

Liebster Vater Freud,

Ihr herrlich frischer Brief hatte mir so guten Mut gegeben, daß ich Ihnen gleich antworten wollte. Ich wartete nur das Eintreffen der vollständigen Korrekturfahnen meines kleinen, nachretouchierten Jugendromanes ab, um Ihnen gleichzeitig die Zusendung anzukündigen. Dann kam die Reise unseres Freundes Eitingon: ich gab ihm die Korrekturfahnen (unvollständig) mit und ein großes Foto, um in effigie mit ihm einzutreffen. Aber ach, das Unbw. oder sonstwas hat ihm zugeflüstert, Bild und Fahnen in der Zollhalle zu Haifa zu vergessen, und da wir de facto im Krieg leben, ist der Hafen hermetisch verschlossen, und es bleibt abzuwarten, ob und wie Bild und Fahnen wieder zu mir und dann zu Ihnen finden werden. Und nun ist gestern in Jerusalem eine Bombe in den arabischen Shuk geworfen worden, am Freitag, wo der Verkehr besonders

[1] R. S. = Royal Society.

dicht ist und die von den Terroristen ohnehin bedrängten fellachischen Dörfler der Umgegend ihre Einkäufe machen. Da das ganze Land aus Feigheit vor dem jüdischen Nationalismus die Verbeugung vor einem (leider) gehängten 18jährigen Attentäter gemacht hat, ist nicht daran zu zweifeln, daß diese Bombe von Juden geworfen worden ist. Sie wird sich an uns furchtbar rächen. Ich hoffe nur, daß wir, meine kleine Familie und ich, unberührt bleiben. Aber sicher ist das nicht. Die Juden, gegen den Willen der arabischen Majorität ins Land gekommen, diese Juden, unfähig gewesen, seit 1919 den guten Willen der Araber zu gewinnen, hatten nur ein Plus: die moralische Position, das passive Aushalten. Ihre Aggression als Einwanderer und die Aggression der arabischen Terroristen hoben einander auf. Werfen sie jetzt Bomben, so sehe ich ganz schwarz für uns alle. Bis zum gestrigen Tage war ich ziemlich ruhig und fuhr in Haifa umher wie eh und je. Jetzt fange ich an, mich bedroht zu fühlen. Ob wir imstande sein werden, mein Programm auszuführen und bis Ende April 39 hierzubleiben? Ich packe jedenfalls meine Manuskripte und Winterkleider in den Schrankkoffer um. Und was sagte Ihr Verehrer Adam als erster? »Und die Bücher vom Professor auch.« Und als ich Einwände vorbrachte, sie seien doch so schwer, fing er fast an zu weinen und sagte, wir könnten doch diese kostbaren Bücher nicht stehnlassen und es seien doch nur elf oder zwölf Bände. Daß ich meine eigenen Bücher stehenlassen würde, war ihm ganz recht, dem undankbaren Kinde. (So hätte man uns in gleichem Falle genannt.) Sie sehn aber, es ist dafür gesorgt, daß das nächste Geschlecht Ihnen treu und dankbar ergeben sein wird.

Der Brief, für dessen Einwurf ich herzlich danke, ging nicht ans Home Office sondern ans War Office. Er enthielt einige Vorschläge über die Vornahme von Versuchen zur Verbesserung der Gestalt der Granaten, um höhere Flugbahnen, also Tragweiten, und also bessere Schußleistungen zu erzielen. Falls ich nach Europa komme, d. h. nach London, bringe ich eine Denkschrift mit. Eine große (und billige) Verbesserung der Artillerie von Flotte und Landheer wäre so zu erzielen. Aber was soll geschehen, wenn die Behörden gar nicht richtig aufrüsten *wollen?* Ich bin lange mit mir zu Rate gegangen, bevor ich mich entschloß, meinen Gedanken dem Englischen Wehramt zu schikken, statt dem Französischen. Aber ich bin Subject of Palestine und muß wohl.

Ja, die Engländer. Dabei sind die einzelnen reizend. Ich käme sofort zu Ihnen, Vater Freud, ich muß nur etwas Geld dafür zusammenscharren, viel ist mir fehlgeschlagen dieses Jahr. Ich hatte schon im Februar mit amerikanischen Zeitschriften angefangen und auf den New Yorker Buchklub hatte ich fest gerechnet. Alles ist ins Wasser gefallen. Zwei Monate lebten wir vom Gesparten. Jetzt kommen Einkünfte, sehr tröpfelnd. Trotz großer Sparkünste hat unsre vorige Reise viele, viele Pfunde gekostet. Ich versuche aber noch einige, und dann kann ich Mitte August immer noch nach England kommen. Nächstes Jahr aber wollen wir auswandern aus unserem armen Palästina, und das wird Geld genug kosten ... Schauerlich, daß sich solche Rücksichten überhaupt als tägliches Requisit ins Leben einschalten. Nun, ich werde das Mögliche möglich machen. Indessen freue ich mich auf den Moses III, arbeite selber einen Spinoza-Essay[1] für Amerikaner, der Ihnen Freude machen soll, bekomme manchen Beitrag von amerikan. Zeitschriften als »zu hoch für unsere Leser« zurück und brüte über Romanen. Wie sich in London Ihr Blick auf Shakspere gestalten wird, frage ich mich im Vorübergehen an meinen Shaksp.-Bänden, und ob Sie zu Ihrem Schutzpatron jenen Hobbes wählen wollen, der ein merkwürdiges und sehr schön langes Leben gelebt hat. Grüßen Sie alle und auf Wiedersehn!

Ihr A. Z.

[1] A. Z. ›Spinoza, Presented by Arnold Zweig‹. New York, Longmanns, Green and Co, 1939.

Liebster Vater Freud,

die Götter haben gewunken, es ist ein überraschender Scheck aus – Rußland gekommen, vorläufig noch ohne Kommentar, und ich fahre am 18. mit ›André Lebon‹ nach Marseille und bin Anfang September bei Ihnen und den Ihren. Gottseidank.

Alles andere wird sich regeln. Mein neues Buch habe ich zurückgehalten, ich wollte Ihnen was extra »reinschreiben« und es erst dann von Amsterdam absenden lassen – hierher kamen nur 2¹/₂ Exemplare, und ich brauchte eines für die Spanien-Hilfe in Dänemark und das halbe (Bogen, ungeheftet) für Korrekturen – Druckfehler. Aber es ist erst wenige Tage draußen.

Hoffentlich leiden Sie alle nicht zu sehr unter der Hitze. Bei uns auf dem Berge ist es stets erträglich, aber feucht – alles schimmelt. Die Bücher in den Borden müssen alle gelüftet und gesonnt werden, wie Betten.

Ein jüdisches Kind singt auf dem Nachbarbalkon so falsch, daß ich aufhören müßte zu schreiben, weil es mich irritiert wie eine Fliege. Es singt ein Lied lechwod schabat, zu Ehren des Sabbaths, der eben anbricht. Aber ich überlege mir, daß in Wien, Berlin und sonstwo noch die jüdischen Kinder nicht mehr singen, und so lasse ich mich nicht stören. Mein Michi fährt heute nacht auf Wache mit meinem kleinen Wagen, es ist weniger Gefahr als Vorsichtsmaßregel. Dita aber sagte vorhin: »Die Zeit ist sehr schnell abgelaufen. Du hast kaum den Krieg verdaut, und jetzt hast Du schon einen Sohn, der auf Wache zieht.« Immer haben große Kriege solche Nachkriege im Gefolge; die Geschichte zeigt interessante Parallelen.

Lieber Vater Freud, ich bin so froh, Sie bald zu sehn, zu sprechen. Meinen Sommerkatarrh hab ich jetzt, wie vor einem Jahr und vor zwei Jahren, und ich hoffe ihn auskuriert zu haben, bevor das Schiff geht. Mit den herzlichsten Grüßen für das Haus vom Haus

Ihr Zweig

Grüßen Sie auch Eitingon herzlich. Ich lege ihm vielleicht ein paar Zeilen bei oder schreibe ihm morgen besonders.

Sanary (Var), 25. 8. 38

Liebster Vater Freud,

gestern bin ich in Marseille gelandet und melde mich freude-strahlend als Europäer. In der Enge von Messina haben zwei Journalisten und ich eine Flasche Sekt spendiert, um auf das alte Europa anzustoßen, den Diktatoren »abasso!« und »a morte!« zuzurufen und dabei Ihrer zu gedenken: Gottlob, daß Sie im Freien sind. Nun habe ich hier gute Freunde zu besuchen und die Literatur zu treffen, in Gestalt von Werfel diesmal, Ludwig Marcuse, Schickele; Gott weiß wer noch da ist. Und Anfang der Woche eile ich nach Paris, bleibe dort 3 Tage und bin dann bei Ihnen. Hoffentlich geht es Ihnen so gut wie voriges Jahr; meine Kehle macht diesmal nur bescheidene Mucken. Endlich werde ich Ihnen erzählen können. Ich denke 3 Wochen in London zu bleiben und manches Praktische anzu-bahnen – falls es geht. Vor allem jetzt Grüße und Händedrücke für Ihr ganzes Haus und besonders für Sie

Ihr Zweig

Ich habe mir die Freiheit nehmen müssen, Post für mich an Sie gehen zu lassen! Es stört Sie hoffentlich nicht. Ist mein Spinoza-Essay gut angekommen? Und wollen Sie Ihrem besonderen Verehrer Adam die Freude machen, die Marke dieses Briefes für ihn aufzubewahren? Er liebt und verehrt Sie mit dem größten inneren Anschluß und Verständnis, weil ihm die Art Analyse, die wir miteinander trieben, so tief wohlgetan hat. – Eitingon ist leider sehr schnell wieder heimgefahren; ich hätte ihn gern in Paris gesehen.

Liebster Vater Freud,

bevor uns wieder Erdteile und Meere trennen, muß ich Ihnen nochmals danken und »auf Wiedersehn« sagen. Es war Ihnen gewiß anstrengend und mir schmerzlich, Ihnen so ungeordnet und überstopft gegenübertreten zu müssen. (Dieser Satz ist nicht ganz in Ordnung, also richtig.) Aber ich habe es an Arbeit nicht fehlen lassen, mein Inneres besser aufzuräumen, und ich werde es wohl auch weiter tun. Und nun fühle ich beglückt, daß Sie in Ihrem vorletzten Haus so hell und im Grünen untergebracht sind und daß die unablässige Urteilskraft, die Ihnen eignet, wieder an einem eigenen Schreibtisch arbeitet, inmitten all Ihrer schönen kleinen Götter. Und daß Ihr Herz, Ihre große stumme Liebe, Ihr großes stummes Leiden an unseren unselig zwiespältigen Menschen, eingerahmt wird von Ihrem neuen, verjüngten Heim. Wenn ich im Frühling oder Sommer wiederkomme, freue ich mich jetzt schon auf Ihren Garten.

Meine Horoskope haben Sie nun glücklich gedeutet und aufgelöst. Aber was sonst noch alles in mir herumschwimmt und mich im Entfalten tiefer Konzeptionen und klarer Lebensentscheidungen stört, wie lange wird das wohl noch brauchen bis zum »erlösenden Wort«? Jedenfalls bin ich glücklich und dankbar für die Stunden in dieser, für Sie noch besonders bösen Zeit, und ich wünsche von Herzen, daß Ihnen und Ihrem Hause der Winter leichter sein möge als der begonnene Herbst war.

Ihr getreuer   Arnold Zweig

Haifa, Mt. Carmel, Beth Moses
8. XI. 38

Liebster Vater Freud

nun regnet es bei uns mit wilder Heftigkeit, die Brandung donnert den Berg empor wie bei R. L. Stevenson, es ist plötzlich Winter geworden. Das vermehrt den Druck auf unseren Seelen, denn es bedeutet eine auch physikalisch dunkle Zeit, zu der moralisch und politisch dunklen. Was hier vorgeht, lesen Sie oder hören es im »Brotkasten«. Was in Europa vorgeht, ist weitaus böser und ekliger. Ich weiß nicht, ob die »Pießmacher«[1] nicht allmählich begreifen, was für einen Preis sie andere zahlen lassen – bis sie selbst ihn zahlen werden. –

Geht es Ihnen gut? Haben Sie sich von der großen Strapaze der Operation und der Nachwehen erholt? Ist in Ihrem Haus etwas Gewöhnung eingekehrt? Ich jedenfalls bin von der langen Londoner Zeit, von Ihnen und Ihren Unterhaltungen, tief erfrischt hier angekommen; die gute Seefahrt mag ihr Teil zur Erholung beigetragen haben. Jetzt aber, vor der Aufgabe, alles hier zu verkaufen, stehnzulassen oder zu verschenken, einschließlich der Möbel, und nach Amerika zu gehn, verzage ich. Die Fracht ist so teuer, daß unsre Übersiedlung nur mit Koffern und einigen Kisten erfolgen kann, die wichtigsten Bücher, die schönsten Grammoplatten. Das ist so symbolisch und symptomatisch, daß mir die Arme dabei sinken. Da ich von meinem Verleger und Agenten bisher schlecht vertreten war, muß ich meine geschäftlichen Beziehungen neu aufbauen. Dazu reicht ›Versunkene Tage‹[2] nicht aus. Um den Jungen-Roman zu schreiben aber langt mein Elan nicht aus. Ich finde es sinnlos, weiter Werke auf so schaurigem Hintergrund loszulassen. Es ekelt einen so. Ich fürchte, das Maschinen-Zeitalter hat die Insektenseele in der Menschheit reaktiviert, und der Kulturabschliff des Krieges hat sie zur Oberfläche gebracht. Ameisen und Termiten bereiten sich vor, den Globus zu überschwemmen. Die Demokratien benehmen sich dabei wie die Blattläuse: sie lassen sich melken. Kann man da Kunst machen?

Herzlich grüßend, besonders Ihre Gattin und Anna, Ihr dankbarer

A. Z.

Schlechter Füllhalter – keine passende Brille – zum Schreiben.

[1] Analog zu »Miesmacher« gebildet, mit der Bedeutung des englischen »peacemaker«.

[2] A. Z. ›Versunkene Tage‹. Amsterdam, Querido, 1938.

Assutah Private Hospital, Tel Aviv
den 5. Dez. 1938

Liebster Vater Freud

dies meine ersten Zeilen.[1] Ich liege ... Heute zum ersten Male
¹/₂ Stunde außer Bett gewesen.

Es geht gut ... meine Gehirntätigkeit ...

Herzensinnig Ihr und Annas   A. Z.

20, Maresfield Gardens, London N. W. 3
13. XII. 38

Lieber Meister Arnold

Eitingon hat zwar brav über Sie berichtet, aber es ist doch
etwas anderes, Ihre Schrift wieder zu sehen. Alles Gute, auf das
man gerechnet, wird nun umsoviel glaubwürdiger. Unsinn und
Unverstand des Schicksals! Und warum muß man so an die
Unsicherheit unseres Lebens gemahnt werden, von der man
ohnedies überzeugt ist. Ich war auch sehr in Sorge um Ihren
Sohn, der den Wagen führte – ich dachte es sei Adam –, weil
seiner so lange keine Erwähnung geschah. Froh zu hören, daß
er nicht einmal eine Zufallsschuld hat. Der Teufel vergesse
nicht, wenn er sich unter den Engländern umschaut, auch diesen besoffenen Offizier zu holen.

Bei uns nicht viel Neues. Es wäre recht behaglich, wenn nicht
das und wenn nicht jenes und noch viel anderes ...

Ich warte noch immer auf einen zweiten Knochen, der sich wie
der erste von mir lösen soll.

Ihrer lieben Frau besonderen Dank für ihre Zuschrift und nun
besonders herzliche Wünsche für Ihre beschleunigte Herstel-
lung.

Ihr alter Freud

[1] Arnold Zweig hatte einen schweren Autounfall erlitten.

Pension Käte Dan, Tel Aviv
17. 12. 38.

Die herzlichsten Grüße nach der Auferstehung

Ihr A. Z.

Carmel, 29. Dez. 38

Liebster Vater Freud

seit dem 25. bin ich nun wieder zu Hause, noch schwankend beim Gehen und schwindlig beim Hinlegen und Aufrichten, auch einige leichte Quetschungen melden sich noch, sehr leicht ermüdbar bin ich von Menschen, sehe sehr wenige bisher. Aber sonst ist alles vorübergegangen, nicht wie eine Begegnung mit dem Tode, die es doch leicht hätte werden können. Arbeiten will und kann ich vorläufig noch nicht, viel freie Zeit zum ersten Male nach dem Krieg, Urlaub vom täglich politischen Mitleben hab ich genommen. Und oft quält mich der Gedanke, daß ich Ihre Kräfte während des Londoner Aufenthalts über Gebühr in Anspruch genommen habe, Sie geplagt mit zu ausführlichen Erzählungen des Romans der beiden jungen Schatzsucher im Tiergarten. Ich kann, glaub ich, dieses Buch nicht mehr so schreiben; die deutsche Juden-Bartholomäusnacht müßte jetzt mit hinein – viele kleine und große Änderungen am Plan würde das mit sich bringen. Vielleicht mache ich diesen Sommer den Roman des Jahres 1914 (Titel »Tis now 25 years ago«), der die Folgen bis zum heutigen Tage mit andeuten müßte. – Und wie gehts Ihnen? Ich war froh, von Eitingon zu hören, wie wunderbar Frl. Bernays sich erholt hat – wie gut für sie und Ihre liebe Frau! Die meine hat mehr Nerven hergegeben, als sie eigentlich hatte, aber jetzt ruht auch sie sich aus. Es ist eine neue Epoche im Anbruch auch für sie, und wir haben miteinander Ferien wie seit langem nicht mehr. –

Herrliches Wetter à la Nizza ist gestern in Regen übergegangen, sanften, reichlichen Regen, und der Winter läuft sich ein. Alles Gute Ihnen, lieber Vater, und Anna, Martin, dem ganzen

Haus. Wird 39 uns nochmals zusammenbringen? Werde ich nicht meinen tapferen Michael nach USA bringen müssen? Alles dunkel. Leben Sie wohl in Ihrem schönen Arbeitszimmer, dem grünen Rasen vor dem Fenster; ein gutes Neujahr?

Ihr getreuer   A. Z.

P. S.: Eben kommt Ihr lieber Brief vom 13. XII. hier nachgesandt an. Das ist jetzt keine Seltenheit – ob das Militär schuld auch daran hat, weiß ich natürlich nicht. Aber der Tankfahrer hat sich hinterdrein sehr gut benommen, dem Michi geholfen, mich aus dem Auto zu holen etc. Und mein großer Junge: ich bin glücklich, daß Sie sich seiner so warm annahmen. Er hat sich wie ein ritterlicher Sohn und Kamerad benommen, und falsche Berichte haben ihm erst ein schlechtes Odium verliehen. Er ist noch in Beirut mit dem Wagen, zum Lackieren und um Ferien zu machen. Daß bei Ihnen nicht alles klappt, macht mir Kummer.

Sie haben doch im jetzt endenden Jahr genug zu ertragen gehabt! Alle guten Wünsche, auch für den Zwischenknochen und seine Entwicklung, und Freude, Ihre Schrift zu sehen, von

Ihrem   Zweig

Dita grüßt aufs herzlichste, auch Adam. Ist sein Brief des Dankes eigentlich angekommen?

Mt. Carmel, House Moses, 6. II. 39

Liebster Vater Freud

von Ihnen so lange nichts zu hören, macht mich unruhig. Hoffentlich bedeutet es nur, daß Sie an anderes denken als an mich, gesund und guten Mutes sind, arbeiten, denken wie stets. Ich wollte, um von Ihnen zu hören, am Samstag in Jerusalem sein. Aber meine Kräfte sind noch zu gering, mein Augenarzt und der Optiker, beide in Tel Aviv, genügten für sie. Ich telefonierte mit Freund Eitingon, und ich hoffe ihn in etwa 14 Tagen zu sehn.

Die ganze Zeit hindurch bin ich so deprimiert wie nie. Meine Nerven sind schlecht. Ich fürchtete auf der Hinfahrt wie auf der Rückfahrt Überfälle durch Fernschüsse. Die letztere fand am Todestage meines Vaters statt, was mich für meinen Michi fürchten ließ, nach der Verwandtschaft Enkel–Großvater, dem er im Wesen auch ähnelt.

Ich arbeite Kleinigkeiten, bewältige Korrespondenzschulden, mache Pläne für Amerika. Bin sehr unglücklich, schon wieder heimlos sein zu sollen. Am tiefsten trifft mich das öffentliche Wesen: Spanien. Das 3. Opfer nach Österreich und der CSR, und nicht das letzte. Gestern wurde der Bruder unserer Hausfrau im Autobus erschossen – er war 12 Tage im Lande, aus Hitlerland entkommen. Zuletzt erklärt nur Ihre Arbeit das, was wir erleben: das Unbehagen in der Kultur wirkt sich aus. Die Westländer rächen sich für Jahrhunderte von Zwängen. Nur so versteht man ihre furchtbare Idiotie. Ich will nächstens einen Aufsatz darüber schreiben. – Alle denken wir an Sie, besonders Adam und

Ihr Arnold Zweig

›Versunkene Tage‹ haben noch keinen angelsächs. Verleger

20, Maresfield Gardens, London N. W. 3
20. 2. 1939

Lieber Meister Arnold

Gemahnt, daß Sie das unheilige Land und sein Vorgebirge sobald verlassen werden, muß ich meine derzeitige Abneigung überwinden und Ihnen doch schriftlich Nachricht geben. Leider über mein eigenes Befinden, das interessant zu werden droht. Ich leide seit der Operation im September an Schmerzen im Kiefer, die sich langsam, aber stetig verstärken, so daß ich ohne Wärmflasche und größere Dosen Aspirin meine Tagesaufgaben und meine Nächte nicht bewältigen kann. Einmal hat sich schon ein größeres Knochenstück abgestoßen, man erwartete die Wiederholung dieses Vorganges zur Erledigung des Zwischenfalls, aber bisher vergebens. Nun kennt man sich nicht aus, weiß nicht, ob es eine im Grund harmlose Verzögerung oder ein Fortschritt des unheimlichen Prozesses ist, gegen den wir seit 16 Jahren kämpfen.

Der sehr vertrauenswürdige Arzt, den wir hier gewählt haben, ein Dr. Trotter, F.R.S.[1], lehnt einen neuen operativen Eingriff ab und rät zu einer Radiumbehandlung, wenn etwas notwendig werden sollte, kann sich aber noch nicht entscheiden und beschränkt sich auf Beobachtung. Prinzessin Marie, die die letzten Wochen bei uns verbrachte, hat sich mit der Pariser Autorität für Radium ins Einvernehmen gesetzt, da diese Behandlung besondere Sorgfalt und Erfahrung fordert und kein besserer Mann dafür zu finden ist. Er ist bereit, nach London zu kommen und meinen Fall zu übernehmen, stellt aber die Bedingung, daß die Diagnose über jeden Zweifel festgestellt ist. Entschließt sich Trotter ihn zu rufen, so würde ich mit Anna und Dr. Schur nach Paris wandern, zum Aufenthalt im Spital, das mit dem Radium-Institut verbunden ist, für etwa 4 Wochen. Vorläufig weiß ich aber gar nichts und kann mir sehr gut vorstellen, daß das Ganze den Anfang vom Ende bedeutet, das ja stets auf uns lauert. Unterdes habe ich diese lähmenden Schmerzen.

Ihre Depression ist begreiflich genug, doch gewiß zur baldigen Überwindung bestimmt. Es ist Ihnen nichts Ernsthaftes widerfahren, und hoffentlich wird auch nichts kommen. Daß die ›Versunkenen Tage‹ keinen Verleger gefunden, wundert mich nicht, sie sind ja zu harmlos liebenswürdig für diese Zeit.

Ich hoffe, Sie finden keine Gründe, mir nicht zu schreiben, und will Gutes von Ihnen und den Ihrigen hören.

Mit herzlichen Grüßen in die weitere Ferne

Ihr getreuer Freud

[1] Wilfred Trotter, Fellow of the Royal Society, Krebsspezialist.

Liebster Vater Freud

es wäre unrecht gewesen, wenn Sie mir verschwiegen hätten, was Sie wieder durchzumachen haben. Von allem, allem abgesehn bin ich in dieser Zeit so tief und beglückt in Ihrer Atmosphäre! Ich habe nämlich entdeckt, und eine gewisse Beruhigung geschöpft aus dieser Entdeckung, daß die Erklärung für den Trümmerhaufen, als dessen Ratten die Diktatoren und wir leben, bei Ihnen steht. Im ›Unbehagen‹. Nur Ihre Gedanken erklären den Haß, die Gleichgültigkeit gegen alles, was seit Mosis Kultur geschaffen und bedeutet hat. Ich will einen Aufsatz darüber schreiben, wenn Sie es nicht selbst tun wollen. Endlich können gentlemen Mördern die Hand schütteln, ohne in Verruf zu geraten. Alle Sätze der Ethik sind gekündigt, ohne daß der Sinai deswegen abgetragen zu werden braucht. Was haben die Europäer mehr nötig? Wird Amerika von der Pest verschont bleiben? Was denken Sie darüber? Die Frage ist für uns nicht Theorie. Wir müssen hier weg, es geht ökonomisch nicht weiter. Das Land ist teuer, und ich verdiene hier nichts. Mir wäre England lieb, Ihretwegen. Aber die Zukunft der Kinder und die Kriegsgefahr raten Amerika. Ich bin erholungsreif, eine lange Meerfahrt ist für mich das Sanatorium. Direkte Schiffe, klein und komfortabel, fahren 23 Tage von Haifa nach New York. Vom 3.–26. April. Ich soll zum Pen Club Kongreß da sein. Roosevelt sehn, etc. Mein Stück ›Sendung Semaels‹ soll drüben gespielt werden. Ich würde als Tourist versuchen, Einwanderungsrecht zu erlangen. Meinen Michael möchte ich in eine technical school bringen, die ihm gestattet, weiterzukommen und etwas dazuzuverdienen. Er möchte Pilot werden. Er ist ein begeisterter Freund des Motors, dessen Seele er in sich fühlt.

Geben Sie uns Gelegenheit, die Entwicklung Ihrer Knochensplitterei zu verfolgen. Wenn Anna Ihnen das Schreiben abnähme, falls es Sie plagt?

Alles Gute Ihnen, tapferer Vorkämpfer!   Ihr Zweig.

Lieber Meister Arnold

Im Besitze Ihres Briefes vom 27. 2., der die Daten Ihrer Reise nach New York (3.–26. April ob schon endgültig?) mitteilt. Ich meine, Sie haben recht, Amerika anstatt England zu wählen. England ist zwar in den meisten Hinsichten besser, aber man fügt sich hier sehr schwer ein, und von meiner Nähe können Sie ohnedies längere Zeit nichts haben. Amerika scheint mir ein Anti-Paradies, aber es hat so viel Raum und Möglichkeiten, und am Ende gehört man dazu. Einstein hat unlängst einem Besucher gesagt, daß ihm Amerika anfänglich wie eine Karikatur von einem Lande vorgekommen ist, aber jetzt fühle er sich ganz behaglich.

Was Sie für »trostreiche Aufklärungen« in meinem ›Unbehagen‹ entdeckt haben wollen, kann ich nicht leicht erraten. Dieses Buch ist mir heute sehr fremd geworden. Ich warte nur noch auf den Moses, der noch im März erscheinen soll, und dann brauche ich mich ja bis zur nächsten Wiedergeburt für kein Buch von mir mehr zu interessieren.

Ich hatte unangenehme Wochen, nicht nur Kranksein und Schmerzen, sondern auch völlige Unentschiedenheit über die nächsten Maßnahmen. Operation und Radiumbehandlung (Paris) wurden endlich verworfen, man hat sich für Röntgenbestrahlung von außen entschlossen, die von morgen an eingerichtet werden soll. (Es ist kein Zweifel mehr, daß es sich um einen neuen Vorstoß meines lieben alten Carcinoms handelt, mit dem ich seit jetzt 16 Jahren die Existenz teile. Wer damals der Stärkere sein würde, konnte man natürlich nicht vorher sagen.)

Auch Ihren Entwurf zu einem Salomon-Roman habe ich erhalten. Ich verhehle Ihnen nicht, daß ich mich mit Ihrer Verwertung der Märchenmotive nicht befreunden kann. Auch schon in der Geschichte von den Leberwürsten hat mich die Inkongruenz gestört. Möchte Ihnen gern begründen, woran der Anstoß liegt, aber ich bin zu schwächlich dazu, die Analyse einer Naziseele müßte Ihnen besser gelingen. Mehr Nachricht, wenn ich Ihrer Adresse sicher bin.

Herzlich   Ihr Freud

Liebster Vater Freud

Ihr lieber Brief vom 6. kam in eine tiefe Depression hinein. Wir waren gerade in Jerusalem gewesen, von Eitingon Abschied zu nehmen. Er bedeutet für uns ein solches Positivum für Palästinas Waagschale! Überhaupt ist das Losreißen uns fürchterlich, besonders mir. Ich hatte so viele Sympathiewurzeln hier eingesenkt, so wenig wirtschaftliche wir auch schlagen konnten. Das Unbekannte würde mich gar nicht ängsten, wenn ich hier eine beständige Wohnung zurücklassen könnte, in die zurückzukehren sich von selbst verstünde. Aber wieder alles stehenlassen, alles auflösen! So oft haben wir das schon machen müssen! Von Glogau nach Kattowitz als Kind, nach dem Krieg von Berlin nach Starnberg, von dort nach Berlin zurück und von Eichkamp nach Haifa über Sanary, und jetzt wieder westwärts – was sagen Sie zu diesem Nomadentum wider Willen! Wem die Phantasie so genügte wie mir, der hätte ruhig am Orte sitzen dürfen, nicht wahr? Ihren Kampf mit Ihrem »lieben Carcinom« sollten Sie selbst beschreiben. Überhaupt wüßte ich niemanden, der Ihrem Leben als Stoff so ebenbürtig gegenüberstünde wie Sie selbst. Nachträge etc. könnten Sie ja uns überlassen, den Rezensenten Ihres Memoirenwerks. Freund Eitingon erzählte mir, daß es schon eine Biographie von Ihnen gäbe, Sadgers[1], und die ganze böse Geschichte. Aber ich wüßte keinen, der Ihr Leben und Ihren Vorstoß ins Verbotene so schildern könnte wie der Verfasser des Moses. Ich bin ganz

[1] Anscheinend eine Verwechslung mit dem Buch von Fritz Wittels, ›Sigmund Freud, der Mann, die Lehre, die Schule‹. 1924.

glücklich über die Lektüre des Vorabdrucks im N.T.B. Er
brachte mir die beiden unvergeßbaren Geschenke zur Präsenz,
die Sie und Anna mir in Wien machten, mit den beiden Vorlesungen des Buches, das seither ein wesentlicher Bestandteil
meines Denkens ist. Ich bin voller Fragen an Sie über Sie
selbst, aber Scham und Scheu hinderten mich bisher und werden es wohl immer tun. Die Steinach-Operation, die Karzinom-
Operation,' die Jahre im resistenten Wien, das Erlebnis mit
Jung, mit Stekel, mit Rank: all das sind Dinge, von denen ich
mehr hören möchte. Die Epopoe Ihres Lebens! Wie einen geliebten Menschen, der Sie mir ja sind, umkreist mein Gedenken Ihr Dasein. So nehm ich Sie mit nach Amerika. Und danach, was dann? Immer, immer Ihr

Zweig

American Export Lines
On Board S. S. Excalibur
Marseille, 13. April 39

Liebster Vater Freud

Mit Unruhe denke ich an Sie, seitdem sich das Schiff in Bewegung gesetzt hat und regelmäßige Nachrichten jeder Art
von uns abgeschnitten sind. Ich wäre halt gern über London
gefahren. Aber ich hätte dann überhaupt das Fahren sein lassen müssen. Erst jetzt fange ich an, mich etwas normaler zu
fühlen; erst gestern und vorgestern in Genua wagte ich es, vom
Schiff zu gehn, betreut von Michi, der ein ganzer Kerl und ein
treuer und lieber Sohn ist. Nach 1½ Stunden in den Straßen
einer ruhigen Stadt war ich reif zum Rückzug. Aber die große
Angst, die mich soviel Selbstüberwindung kostete und der wir
und S. vergeblich zu Leibe rückten, ist abgeklungen. Sie hat
noch einen Schatten im Dienst: Vorangst vor Amerika. Aber
ich habe noch 14 Tage Ausruhen vor mir, und ich verlasse mich
auf Neptun, den Poseidon dieses Meeres, der uns so unerhört
günstig war und uns hoffentlich treu bleiben wird. Immer bin

ich auch zu Ihnen hingewandt. In die Komposition von ›Aufmarsch der Jugend‹ habe ich einen Arzt aus Czernowitz gesetzt, einen Dr. Tennenbaum, der mit dem Krebs-Erreger und dem Karzinom als solchem leidenschaftlich beschäftigt ist, in der Spionenriecherei 1914 in München an beiden Beinen verkrüppelt wird und immer weiter Arzt und Krebsbekämpfer bleibt. Später hören Sie davon mehr. Ich habe mich noch zu keinem Thema entschließen können. Grüßen Sie mir aber Anna, Ihre liebe Frau und Ihr ganzes Haus, und denken Sie manchmal an Ihren

Arnold Zweig

Sanary (Var), 26. VII. 39

Liebster Vater Freud

einige Zeilen der Prinzessin treffen mich mitten in den Vorbereitungen der Abreise; es geht Ihnen nicht gut, und sie fährt zu Ihnen. Ich aber muß nach Hause, ich kann nicht zu Ihnen, ein armer Mann wie Hamlet ist. Lassen Sie mich da im Geiste bei Ihnen sein, mit den herzlichsten Dankgefühlen für alles, was Sie für uns getan und auf sich genommen haben, und mit dem brennenden Wunsche, es möge Ihnen endlich besser gehn. Sie haben so viele Leiden auf sich genommen, Sie brauchen keine Qual mehr. Es könnte jetzt genug sein und ein ruhiges Anschaun Ihrer Statuen, Ihrer Gedanken und Ihrer Lieben an die Stelle der Schmerzen treten. Nichts wünschen wir alle tiefer, als daß es Ihnen gut gehn möge, ganz nach Ihrem eignen Wunsche. In inniger Freundschaft und Ergebenheit

Ihr Arnold Zweig

Mt. Carmel, 8. 8. 39

Liebster Vater Freud

seit einer Woche wieder daheim und glücklich, beeile ich mich, Ihnen zu sagen, wie tief ich von Ihrem Moses überzeugt und bewegt bin. Ich las ihn auf der Überfahrt von Marseille; ich werde, glaube ich, die Weite und Ruhe des Meeres mit der Weite und Ruhe Ihres Blicks auf die Urgeschichte der Juden, der Menschen immer verbinden. Wir hatten in den letzten Tagen rechte Sorge um Sie, und unser treuer Eitingon wollte schon nach London fliegen, Sie zu sehn. Aber ich war im Tiefsten unbewegt. Ich sah Sie, wie ich Sie all die letzten Monate gesehn, im Geiste wie in der Wahrheit. Und ich fand, daß Sie Ihr kriegerisches Leben mit der verfluchten Unbekannten, der X-Krankheit, fortsetzen würden. Aus mehreren Gründen war ich davon überzeugt, die ich jetzt nicht zergliedern mag. Es ist sehr früh, Hochnebel wie im Gebirge ziehn über den Carmel, aus ihnen schallt das Picken und Pochen der arabischen Steinhauer, die ein neues Haus am Talabhang bauen.

Ich will sehn, daß ich bald über den Moses für die Weltbühne schreiben kann. Ich habe sehr viel zu arbeiten vor, denn die Engländer werden für meinen Unfall sehr wenig zahlen, und meine Einkünfte sind seit vorigem Oktober gleich Null, meine Aussichten, soweit mein Agent sie vorschlägt, miserabel. Aber ich bin mutig genug gesonnen.

Meine Frau und meinen Adam habe ich bestens angetroffen. Der Junge ist eine besondere Freude, voll geistiger und körperlicher Munterkeit, sehr liebenswürdig, dabei voller spaßiger Bosheiten und Aggressionen und mit dem Wagen auf du und du. Dita fährt schon recht gut, und von unserem Michi haben wir Briefe voll innerer Aufgeschlossenheit und Angeschlossenheit an uns.

So gehe ich mit guten Prognosen in eine neue Arbeitsperiode. Ob und wann wir von hier wegsiedeln, wird von den Resultaten dieser Periode abhängen. Ich kann jetzt an Ausgaben, wie sie damit verbunden wären, nicht denken.

Leben Sie inzwischen von Herzen und aus unserer Liebe und Bewunderung und Dankbarkeit wohl. Mit herzlichen Grüßen

Ihr Zweig

Schade, daß Sie meinen ›Caliban‹ nirgends zitieren konnten; eine bestimmte Stelle ermutigt mich zu diesem leisen Vorwurf. Zur Strafe wird Adam Ihnen eine »Kritik« des Moses aus der hebräischen Zeitung der Ganz Schwarzen (Agudath Jisrael) übersetzen, die ein Freund in einem Sanatorium gestohlen und uns mitgebracht hat. Sie ist unbeschreiblich frech und komisch.

Haifa, 9. Sept. 39

Liebster Vater Freud

von Ihnen nichts zu hören tut weh, obwohl mir alle Gründe dafür gegenwärtig und gültig sind. Die letzten August- und die ersten Septembertage war ich bei Eitingons, wir glaubten an die Besserung in Ihrem Befinden; trösteten uns damit und mokierten uns über die Aufnahme, die der Moses bei den Hebräern gefunden hat. Noch heute zwickt mich das Wort, das ich im Übermut in meinem vorigen Brief schrieb, »zur Strafe« würde Adam Ihnen die Übersetzung der frechsten und unsinnigsten Kritik Ihres Buches schicken. Solche Worte soll man auch nicht im Übermut sagen, zu einem Helfer und Retter wie Sie, der jetzt so zu leiden hat. Daß Ihnen diese verdammten Schmerzen nicht gelindert werden können, das geht manchmal vor dem Einschlafen durch meinen Kopf. Dann gräme ich mich, daß ich nicht Arzt geworden bin und von diesen Dingen nichts verstehe.

Ich hätte früher geschrieben, aber die eingeführte Zensurierung aller Post und die Langwierigkeiten, die damit bei der Beförderung deutscher Briefe verbunden waren, hielten mich ab. Jetzt scheint es, als ob England und Frankreich von der Zensurierung ausgenommen seien, und so riskiere ichs. Meinen Aufsatz über den Moses halte ich aber noch zurück, bis ich Genaueres weiß.

Daß wir Krieg haben, noch einen Weltkrieg erleben müssen, wollte ich bis zum letzten Augenblick nicht wahr haben. Die ungeheuerliche Dummheit dieses Regimes ist eben zunächst

nicht glaublich gewesen. Obwohl mir immer wieder der Parsi-
falzug in den Sinn kam, nach welchem der Speer des Amfortas
das einzige Mittel war, die Wunde, die er geschlagen hatte,
auch zu heilen. Ein tiefsinniger Zug der frühen Erkenntnis,
wie mir scheint; wo mag er herkommen? Unser Leben ist ganz
das frühere, und auch das Ihre wird wohl in den gleichen Bahnen verlaufen. Aber das Ihrer jüngeren Generation? was
macht Martin? und wie wird Annas Arbeit betroffen? Entschuldigen Sie meinen Füllhalter, der spritzte, und grüßen Sie
Ihr ganzes Haus.

Ihnen aber, lieber Vater, die innigsten Wünsche des Ertragens
und Aushaltens beim Sturz unserer Feinde, der Hunnen oder
Hitlerier. Herzlich Ihr

A. Z.

Anhang

BEMERKUNG DES HERAUSGEBERS

Obwohl das Thema Psychoanalyse in den Briefen von Sigmund Freud und Arnold Zweig bedeutenden Raum einnimmt, ist dieser Briefwechsel keine wissenschaftliche Korrespondenz, sondern vielmehr das Dokument herzlicher väterlicher Freundschaft des älteren und liebevoller Verehrung des jüngeren Mannes.

Daher hat sich der Herausgeber berechtigt gefühlt, Briefe und Briefstellen, die ihm unwesentlich erschienen, wegzulassen, ohne dies im Text ausdrücklich anzumerken. In den Briefen Arnold Zweigs ist dies mit Zustimmung von Dr. Adam Zweig, Bern, geschehen, den sein Vater mit dieser Aufgabe betreut hatte.

Veraltete Rechtschreibung und Zeichensetzung wurden korrigiert, Anmerkungen auf ein Minimum beschränkt.

London, März 1968   *Ernst L. Freud*

WERKREGISTER

REGISTER DER ERWÄHNTEN PERSONEN
UND FREMDEN WERKE

Sigmund Freud
Briefausgaben

Sigmund Freud/C. G. Jung. Briefwechsel
Herausgegeben von William McGuire und Wolfgang Sauerländer
Mit 9 Fotos und 15 Faksimiles auf Tafeln

Aus den Anfängen der Psychoanalyse 1887–1902
Briefe an Wilhelm Fließ
Abhandlungen und Notizen aus den Jahren 1887 bis 1902
Herausgegeben von Marie Bonaparte, Anna Freud und Ernst Kris

Briefe 1873–1939
Herausgegeben von Ernst und Lucie Freud
Mit 8 Fotos auf Tafeln und 2 Faksimiles

Sigmund Freud/Oskar Pfister. Briefe 1909–1939
Herausgegeben von Ernst L. Freud und Heinrich Meng

Sigmund Freud/Karl Abraham. Briefe 1907–1926
Herausgegeben von Hilda C. Abraham und Ernst L. Freud
Mit 2 Fotos auf Tafeln

Sigmund Freud/Lou Andreas-Salomé. Briefwechsel
Herausgegeben von Ernst Pfeiffer
Mit 2 Fotos auf Tafeln und 4 Faksimiles

Sigmund Freud/Arnold Zweig. Briefwechsel
Herausgegeben von Ernst L. Freud

Sigmund Freud/Edoardo Weiss. Briefe zur psychoanalytischen Praxis
Mit den Erinnerungen von Edoardo Weiss
Vorbemerkung und Einleitung von Martin Grotjahn

S. Fischer Verlag

Sigmund Freud
Einzelbände im Taschenbuch

Fischer Taschenbuch Verlag

Arnold Zweig

Arnold Zweig, 1887 in Glogau geboren, studierte Germanistik, Philosophie, Geschichte, Psychologie, Kunstgeschichte und Nationalökonomie in Breslau, München, Berlin, Göttingen, Rostock, Tübingen. Nach der Teilnahme am Ersten Weltkrieg in Serbien und Frankreich lebte er 1919–1923 als freier Schriftsteller am Starnberger See, dann in Berlin; emigrierte 1933 nach Palästina. Mitarbeit an zahlreichen Emigrantenzeitschriften. 1948 Rückkehr nach Berlin (DDR), wo er 1968 gestorben ist.

Der Streit um den Sergeanten Grischa
Roman. Band 1275

Junge Frau von 1914
Roman. Band 1335

Erziehung vor Verdun
Roman. Band 1523

Das Beil von Wandsbek
Roman. Band 2069

De Vriendt kehrt heim
Roman. Band 5785

Fischer Taschenbuch Verlag

Ronald W. Clark
Sigmund Freud

688 Seiten, geb.
Mit ausführlichen Anmerkungen, einem Literaturverzeichnis
sowie einem Namen- und Sachregister

Ronald W. Clark, Autor vielgerühmter Bücher über Einstein und
Bertrand Russel, hat nach Auffassung von Fachleuten mit diesem
Buch die für das nächste Vierteljahrhundert gültige Freud-Biographie
geschrieben. Nach Veröffentlichung der bekannten Freud-Biographie
von Ernest Jones in den 50er Jahren ist eine Fülle neuen Materials ans
Licht gekommen, das neue Einsichten in Freuds Leben und seine
Wirkung auf das Denken seiner Zeit vermittelt. Clark stützt sich auf
bisher unveröffentlichte Briefe und Dokumente, auf Materialien aus
Archiven in Amerika, Großbritannien und Osteuropa. Mit bemer-
kenswerter Objektivität erarbeitet der Verfasser ein neues, menschliches und aufschlußreiches Porträt des Arztes Freud, schildert ein-
dringlich Freuds Kampf um Anerkennung und geht schließlich der
Frage nach, wie die wissenschaftliche Leistung des Vaters der Psychoanalyse im Lichte heutigen Wissens einzuschätzen ist. Freud, der
verwöhnte Lieblingssohn, Freud, der gelegentlich allzu sehr liebende
Vater, der greise Patriarch, der einen vergeblichen Kampf mit seiner
Krebskrankheit führt, aber auch der Mann, dessen Innenleben weit
enger mit der Entwicklung seiner Theorien verbunden war, als er sich
selbst einzugestehen wagte – all dies wird in Clarks einfühlsam ge-
schriebenem Buch lebendig.

»R. W. Clarks Buch ist zweifellos die ausgewogenste und kenntnis-
reichste Freud-Biografie der letzten Jahre. Sie vermittelt tiefe Einblik-
ke in Leben und Werk eines Mannes, der in seiner wissenschaftlichen
Bedeutung mit Kopernikus und Darwin verglichen wurde und dessen
Entdeckungen nicht nur Medizin und Psychologie, sondern auch
Geisteswissenschaften, ja unser gesamtes kulturelles Leben in kaum
überschaubarer Weise beeinflußt haben. Auch über 40 Jahre nach
seinem Tod ist – obwohl viele seiner Ideen zum anerkannten Gemein-
gut geworden sind – der erbitterte Streit um wesentliche Teile seiner
Lehre noch nicht zu Ende.« Lothar Hanisch

S. Fischer Verlag